ミネルヴァ現代叢書2

福祉と格差の思想史

橘木俊詔著

ミネルヴァ書房

はしがき

人間社会に欠かせない制度として、教育制度と社会保障制度がある。もとより生きていくためには労働がもっとも重要であるが、教育と社会保障は政府なり公共部門が積極的に関与するものとして不可欠なのである。教育は人が大人になって働く前での訓練と良き市民になるためにある。社会保障は予期せぬ事態へのセーフティーネットとしての役割と、世の中に存在する格差の是正（特に貧困者の救済）を目的としている。本書は特に社会保障制度に特化する書物である。

年金、医療、介護、失業、生活保護といった制度が福祉や社会保障に属するものであるが、これらの中ではすべてが予期せぬ不幸ばかりではなく、年金のようにあらかじめ労働からの引退が予期できるものもある。いずれにせよ、発生するリスクに備えてセーフティーネットを準備するのが社会保障である。

昔であればこれらのリスクに対応していたのは個人なり家族の役割であったが、ヨーロッパでは一九世紀後半から政府がその役割を代替するようになった。個人や家族に任せておけば、セーフティーネットがうまく機能しないことが目立つようになったし、貧困や低所得で苦しむ人の数が増加したからである。それが社会保障制度である。

そこで大きな役割を演じたのは政治家と学者である。この両者が知恵を出し合い、かつ制度を整える仕事を行ったのである。種々の福祉制度を創設し、かつそれがうまく運営できるような工夫を両者が重ねたお蔭である。本書はこの政治家と学者の役割分担を詳細に検討して、いかに社会保障制度が現代のようにまがりなりにもうまく機能するようになったかを示すものである。

まずは福祉、社会保障制度の始まったヨーロッパ諸国に注目する。そしてそれがいかに新大陸のアメリカ、そして東洋の日本に波及していったかを考察するものである。考察にあたっては、特定の政治家と学者をピックアップしてそれらの人々がいかに重要な貢献をしたかを明確に論じる。

社会を動かすのは政治家なのであるが、政治家でもトップの首相や大統領は特に重要である。社会保障制度の創設と充実に極めて顕著なリーダーシップを発揮して、今日の制度の基礎をつくった人の政治力と、その努力の姿を詳細に述べてみた。

学問の大進歩は少数の天才的なひらめきを持った人によってなされる側面が強い。社会保障制度を扱う学問は経済学なので、新しい理論を生み出すとか、新しい事実の発見とか、あるいはどのような政策を行えば好ましいか、といったことに画期的な貢献をした経済学者に焦点を合わせて、それらの人が具体的にどのような仕事をしたのかを詳細に考察する。

社会保障制度に関しては、学者が望ましい制度を提案して、それを政治家がうまく咀嚼して、現実にどういう制度にするかを決めるのがよい。その際学者の提案にはいろいろあってよく、どれが好ましいかは政治家、それはひいては背後にいる国民が決めればよいのである。本書を読むことによって、スウェーデン、ドイツ、イギリスなどではそれがかなりうまく進行した事実を知ってほしい。

日本はどうであろうか。政治家は学者を頭の硬い人とするところがあるし、学者の方も政治家を信用しないので研究室に閉じこもりがちである。社会を良くするための真面目な提案をしない傾向がある。本来ならば両者は相手を信用しながら、かつ適当に刺激し合いながら、国民にとってもっとも望ましい社会保障制度の運営される国になってほしいものである。

本書は至る所で、年金、医療、介護、失業、生活保護などの諸制度が各国でどのように運営されてきたかを詳しく議論しているので、それらの長所や短所を知ることができる。日本にとってもこれらの議論は制度の改革を行う上でとても参考になると思われるので、読者はそれも読み取ってほしい。

本書はミネルヴァ書房の堀川健太郎氏の提案によって出来上がった書物である。日本の社会保障制度をよくするためと、格差是正政策が少しでも進行するのを期待しながら執筆したが、残されているかもしれない誤りと意見に関する責任はすべて著者に帰するものである。

二〇一七年一〇月

橘木俊詔

福祉と格差の思想史

目次

第Ⅱ部　欧米諸国での福祉改革

序　章　福祉と格差に挑む
——不確実性に備える制度

福祉制度のアクター

本書の目的は、人々への福祉の提供に対して誰が担い手となり、そして社会保障制度が社会で用意されるようになった動機を歴史的に検証し、その用意にあたって誰が音頭取りと作成者になったかを議論することである。音頭取りと作成者に関しては、特に学者と政治家の役割に注目する。福祉の提供は格差の是正に役立つので、同時に格差についてもどういう議論がされてきたかを考察する。これらをまとめれば、福祉と格差に関する思想史と称してよい。

分析に際しては、まず人々は福祉としてどのような種類のサービスを欲するようになったのか、そしてそのサービスの提供者（すなわち担い手）にはいろいろあることが示される。そのいろいろな担い手にもメリット・デメリットがある。そのメリット・デメリットを知ることも大切なので、簡単に言及する。

国によって福祉の提供のやり方が異なるのは、人々、学者、政治家がどのような制度を好んできたかが異なるからである。学者は人々の希望を念頭におきながら、効率的でしかも公平な制度を学問として分析して、世の中にその制度を問う作業を行う。政治家は人々の希望と学問的な成果を考慮に入れながら、実行可能な制度を法律として作成して、実行に移す作業を行うのである。その際企業も福祉の担い手になることがあるので、企業の役割にも注意を払う。さらに現実に福祉サービスの提供と財源調達を行う官僚の役割も重要なので、官僚についても言及する。

政治家、学者がいかにパッション（情熱）をもち、いかに人々にミッション（伝導）を施し、いかにファッション（様式）をもたらすか、が本書の主題の一つである。

福祉という制度

福祉とは、人間社会において弱い立場や競争に負けて打ち砕かれた人を助ける、あるいは不確実性のある現象に備える制度と理解してよい。具体的にどのようなことをしているかを述べた方がわかりやすい。

①働き口、あるいは稼ぎ口のない人　失業中の人を考えればよい
②年齢上で働くことのできない人　年老いた人や、子どもと勉学中の人がその代表である
③働くことのできない人　特に身体的・精神的にハンディのある人

④病気や障害にあった人
⑤年老いて介護が必要な人
⑥働き口があっても収入の少ない人

以上のような事象に遭遇した人に福祉の提供がなされると考えてよい。これらは不確実にそれらの現象が発生して困っている人、弱い立場にいる人である。社会保障という言葉には、福祉の提供を社会で行うという意味が込められている。福祉の提供には社会以外にも担い手がいるので、社会保障は福祉という一般的な言葉よりも狭い意味しかないと理解する必要がある。

では福祉の担い手として社会を含めて誰が存在するのか、ということを考えてみよう。列挙すると次のようになる。

①本　人
②家　族
③企　業
④社　会

本人と家族はわかりやすいが、企業と社会については説明がいる。

企業が福祉の提供者というのには次の二つの意味がある。第一は、国家の企画・運営する社会保険制度（年金、医療、介護、失業、労働災害）の保険料負担を、働き手たる本人のみならず雇用主が同時に負担していることで理解できる。社会保険料の事業主負担分と称されるものである。日本であれば、年金、医療、介護などの保険制度では保険料の五〇％、労働災害保険では一〇〇％が企業の負担である。

なおこれらの財政負担には保険料収入に加えて、税収の投入されている制度が結構あることを知っておこう。例えば日本の年金制度における一階部分である基礎年金制度では、給付額のうち国庫負担分（すなわち税収）は半分に達しているし、医療や介護の給付にも税収が充てられている。福祉財源を保険料に求めるか、それとも税に求めるかは一つの論点であり、後述する。

社会が福祉の担い手であるとは、いくつかの主体を含んでいる。本人や家族以外を社会と考えれば、①国家、②地方政府、③ＮＰＯ（非営利団体）、④民間企業の四主体が福祉の担い手の候補である。①と②は公共部門であり、③と④は民間部門である。③は営利を求めないが、④は営利を求めるという違いがある。③と④の違いは老人介護施設を例にすればわかりやすい。③には多くの特別養護老人ホームが該当し、主として社会福祉法人や自治体が運営するが、④では民間の有料老人ホームがこれに該当すると考えてよい。

社会が担い手となっているとき、既に列挙した六つの事象なり現象に対してどのような制度が政府（中央、地方）によって準備されているかをここで述べておこう。

①失業保険制度（わが国では雇用保険制度と称されている）
②引退した高齢者には年金保険制度、子どもや勉学中の人には児童手当や奨学金制度を含んだ教育費補助
③医療扶助や生活扶助という生活保護制度
④健康保険制度
⑤介護保険制度
⑥生活保護制度

これらの制度を見渡すと、保険制度の多いことに気が付く。保険制度とは、不確実に発生する様々な事象（例えば失業や病気・要介護など）と、将来に発生するだろうとあらかじめ予想できる事象（例えば労働からの引退）に備えての制度である。これらは政府が企画・運営するので社会保険と称されているが、その保険料負担はあらかじめ給付の発生する前に加入者（本人）が行っているのである。

なぜこれらの言ってみれば私的保障の強い制度を政府が企画・運営するのかを問えば、様々な回答を用意できるが、次の二つが重要な回答である。第一に、これらのリスク管理を個人に任せてしまえば、必ず準備をしない人が出てきて、それらの人は発生する事象に対処できずに大変な不幸、例えば貧困や死亡を蒙ることがある。それを避けるために公共部門が企画・運営して、国民を強制的に参加させるのである。

第二に、人々は常に人生上で不安を感じるものである。不安をミニマムにするために、公共部門が率先して不確実性に備えた制度を用意するのである。不安をどれだけ感じるかの程度は個人によって異なるので、公共部門は最低限あるいはそれに近い水準の提供でよく、それ以上の不安を感じる人や高い保障を求める人は、民間の提供する保険に加入するとか、自己で私的に貯蓄して備えればよい、という考え方におおよその合意がある。従って、公共部門の企画・運営する保険制度はそれほど大規模にはなっていない。

大規模にしないもう一つの理由は、福祉が充実しすぎると人々が怠惰になるとか、福祉にタダ乗りしようとする人がいるとか、私企業を中心にした経済の運営にとってマイナス効果がある、といった負の側面に配慮したからである。これに関しては、第5章の「ベヴァリッジ報告」の所でやや詳しく論じる点である。

本人による福祉

社会が福祉の担い手として登場する以前の時代では、冒頭で列挙した様々な事象に対応したのは、本人と家族であった。国や時代によっては近所に住む人が担い手になることもあったが、その役割はかなり限定されていたので、ここでは本人と家族を論じる。

本人とは、正に自分のことであって、発生する不幸への対処や不確実性に備えるには、本人が責任をもってそれにあたるということに尽きる。なぜ本人が重要であるかは、次の二点で説明できる。第一に、世の中には家族をもたない人が必ず存在する。わが国においても橘木（二〇一七）の指摘するように、近い将来には生涯未婚率（一度も結婚しない人）が二〇％を超えると予想されており、頼りは本人だけという人々がかなりの数に達している。これに加えて、家族がいる人であっても配偶者を亡くしたとか、離婚率の増加によって単身で住む人の数が増加している。配偶者を亡くしたとか、離婚した人には子どもがいる場合があるので、家族がいると解釈できるが、次に述べるように家族の絆が弱まっていることを認識すれば、単身者に近い立場になっているとも解釈できる。

本人が福祉の担い手ということは、自分で社会保険に加入せねばならないことを意味する。さらに、年金・医療費・介護費などは年金・医療・介護保険制度からの給付で賄う。ところで日常生活上で起きる細々した人間の手によるケアには誰かの助けが必要である。それらまでカヴァーするには、単身の場合には他人に頼まなければならず、それらの財政支出に備えての貯蓄が必要となる。

もう一つ単身者の遭遇する悩みは、一人で住むこと、あるいは他人との接触のさほどないさびしさを、どう解決するかである。この問題は現今では無視できない深刻な心理的な問題ではあるが、本書の扱う福祉の領域から乖離した話題なので、ここでは論じないでおく。

家族による福祉

福祉の担い手として次は家族である。政府による社会保障制度の始まる以前においては、どの国もそれは家族の役割であった。産業革命以前のヨーロッパでもそうであったし、自立（すなわち本人）

の精神の強いアメリカにおいても、第二次世界大戦以前では家族がかなり重要な担い手であった。日本においてはこの伝統はさらに強く、戦前の時代は当然として戦後も一九七〇年代まではそれが続いた。しかし本書が述べるように、一九七三（昭和四八）年の「福祉元年」が象徴するように、そこそこ社会保障が発展したので、福祉における家族の役割の後退が始まったのである。

筆者の解釈は、社会による福祉が充実したから家族の役割が後退したのではなく、むしろ因果関係は逆にあると判断している。この時代より以前は意図的にせよ非意図的にせよ家族の絆が強かったが、それが徐々に弱まり始めたのである。家族の絆の象徴は、祖父母と父母、そして子どもが同居する「三世代住居」であったが、それが徐々に減少した時代に対応しているのである。現在ではかなり少ない「三世代住居」である。年老いた親の生活、病気になったときの看護、要介護になったときの介護は、成人した子どもの役割という規範が日本にはあったが、それが崩れたのが「三世代住居」の減少なのである。

他の要因も指摘できる。すなわち、親子間で経済的な独立心が強くなったとか、できれば家族の迷惑になるので家族の世話になりたくないとの老親の希望が強くなったとか、女性（妻）の働く比率が高まったので家族の中で福祉の担い手だった妻がそれに従事できなくなった、あるいは老親の世話を避けたいという子どもの希望の高まり、といった事情も家族の絆の弱くなった理由として忘れてはならない。

日本の福祉の今後を考えれば、家族の役割が低下しているなら、それを補う道は二つの選択肢がある。第一は、アメリカ流の自立、すなわち政府や家族（特に子ども）に頼らず、本人が担い手として存在せねばならない。夫と妻が共同して福祉のことを考えるのがアメリカなのである。離婚率の高くなったアメリカであれば夫婦というよりも、それこそ本人がその役割の中心になっているのがアメリカであるが、日本はまだアメリカほど離婚率は高くないので、福祉の担い手はまだ夫婦にあると言ってよい。しかし、年老いて配偶者を亡くした人の場合は、本人の役割しかない。

もう一つの選択肢は、ヨーロッパ流の福祉国家への道である。政府が福祉の担い手の中心となり、国民から税や社会保険料を多額に徴収して、それを財源にして国民に高い福祉サービスを提供する姿である。

筆者の好みは後者の福祉国家への道であるが、なぜそれを希望するかの理由については橘木（二〇〇一、二〇〇二、二〇〇五、二〇〇七、二〇一〇、二〇一一b）で詳しく論じたので、終章でその一端を述べるが、この序章では詳しく述べない。

なおこれまでの日本であれば企業が社宅、保養所、企業年金、病院などの提供によって、企業（特に大企業）が福祉の担い手として一定の役割を果たしていた。しかし日本経済が低成長時代に入り、企業は福祉にまで手のまわらない時代になっている。現実に企業は福祉から撤退しつつあるので、今後を予想すれば企業福祉の役割はますます小さくなるであろう。従ってここでは企業福祉についてはは多くを語らないことにする。関心のある方は橘木（二〇〇五）を参照されたい。

国家による福祉

福祉の担い手として第三の主体となるのは、国家ないし地方政府という公共部門である。本書でスウェーデン、ドイツ、イギリス、フランスなどの諸国において政治家や学者がいかなる福祉思想と政治手腕に基いて福祉の充実を図ったのかを詳細に分析する。筆者は日本がヨーロッパ流の福祉国家になることを願う者なので、これらの国での経験を知ることによって、政治と学問がどう対応したらよいのか参考となる。それについては後述する。

ヨーロッパ型の福祉国家とはいえ、国によって様々な形態のあることを述べておこう。まず福祉の規模として、①高福祉・高負担のオランダを含めたスウェーデン、デンマーク、フィンランドのような北欧型、②中福祉・中負担のドイツ、フランス、イギリスのような中欧型、③低福祉・低負担のイタリア、ギリシャ、スペインなどの南欧型に区分できる。福祉提供の水準と負担の大小によってこのように三分類されるが、たとえ低福祉・低負担の国であっても、日本やアメリカよりも福祉提供の規模は大きいので、誤解のないようにしたい。ヨーロッパという福祉国家の中における相対的な区分にすぎないのである。

筆者個人の好みは北欧型の福祉国家になることにあるが、日本人は高負担を嫌がる国民であるし、福祉が充実しすぎることよりもアメリカ型の自立主義を好む人が結構多いので、高福祉・高負担の国を目指すのは困難と思われる。しかし家族の絆が弱まっているのであるから、福祉を充実しないと国民は不安のドン底に追い込まれるので、ドイツ、フランス、イギリスのような中福祉・中負担水準の福祉国家を目指すのが現実的な選択肢と思われる。

とはいえこの選択肢も実はハードルが高い。最近の日本人におけるアンケート調査によると、消費税率を八％から一〇％に上げるのに対して、反対派が多数であった。安倍首相もこの意見に同調して、税率を上げなかった。中部ヨーロッパのように消費税率が一五％から二〇％に達している国になるのすら容易ではないので、日本が中福祉・中負担の国になるには、周到な計画と作戦が必要と思われる。これについては終章で言及する。

北欧型福祉国家の悩み

福祉を充実すると人々が怠惰になるとか、民間経済の運営にマイナス効果がある、との批判は英米や日本で強いが、北欧でもなされる批判ではある。とはいえ北欧ではそれほど強くはなく、国民は充実した福祉を願うし、負担を嫌う雰囲気も強くない。北欧における最近の課題は、ポピュリズムに立脚した運動の浸透にある。それは移民や難民がヨーロッパに多く入国したことにより、国民ではない人々への福祉の提供への反感がある。もともとこれらの国では移民・難民には寛容であったが、過剰に流入する時代となったからである。自国民の労働を奪いかねないし、これまで保険料を拠出してこなかった人への様々な福祉支出に対する抵抗である。

福祉サービスを受けるのはそこに生まれ育った市民に限るのか、あるいは人道主義の立場から非市民にも受ける権利があるのかは、福祉国家論において大きな論争があった。その論点が一気にデンマークやスウェーデンといった北欧諸国で起き上がったし、他のヨーロッパ諸国においてもポピュリズム運動は非市民への排除論は根強い。自国民の負担が大きいだけに、それを避けたいという希望はわからないでもないが、人道主義の思想も大切である。日本においてこの問題はまだ生じていないが、今後移民が増加すれば起こりうることである。

格差の問題

最近になって格差の問題が論じられるようになった。およそ二〇年ほど前から、日本において所得分配の不平等化、貧困者の増加などが、例えば橘木（二〇〇六、二〇一五b）などで論じられた。世界ではピケティ（二〇一四）による格差拡大の現象が資本主義国において深刻になっていると指摘され、大きな注目を浴びた。現代においても橘木（二〇一六a）で指摘されているように論争は続いている。

資本主義国の経済運営は自由な経済活動を原則としているだけに、資本家と労働者の間で格差が発生することは避けられないことであった。労働者は資本家によって搾取されている。すなわち低賃金や劣悪な労働環境で働かされているとの指摘がなされるようになった。労働者間でも所得格差が目立つようになった。これらを真正面から議論したのが、本書でも取り上げるマルクス主義である。一部の国は革命によって社会主義国になった場合もある。

資本主義国の中でもこの問題を無視できないとして、自由主義・民主主義の範囲内で格差を是正すべしとの思想が生まれた。それが本書でも議論する福祉国家への道である。

現今の世界では旧社会主義国が資本主義の国に戻った例もある。とはいえどの国においても所得格差の拡大は大きな問題になっているので、本書でも格差をどう見るかの思想や、格差是正のための政策、代表的には福祉政策を論じることにする。

第Ⅰ部　夫妻による福祉政策への貢献

第1章　シドニー・ウェッブとベアトリス・ウェッブ
——ナショナル・ミニマムの提唱

1　夫妻の歩み

ウェッブ夫妻

ウェッブ夫妻はイギリス労働党の源流であるフェビアン協会の中心メンバーであったし、福祉国家論の立役者として記憶されているので、政治家あるいは政治思想家として有名である。夫・シドニー（一八五九〜一九四七）は学問の分野での貢献がある。妻・ベアトリス（一八五八〜一九四三）は夫と共著による著作はあるが、むしろ夫も関与した政治活動には彼以上に熱心だったとみなした方がよい。当時のヨーロッパ社会はまだ男性中心の社会だったので、結婚後の夫妻の姓はウェッブを名乗ったし、どちらかといえばシドニーの活躍が目立ったのである。しかし夫妻の思想形成や政治活動に関してはベアトリスの貢献は非常に大きいし、見方によってはシドニーよりも貢献大かもしれない。

とにもかくにも世界を見渡しても、学問と政治の世界において夫婦が共同で大きな仕事をした最初のケースと判断してよい。後には次に取り上げるミュルダール夫妻が出現するし、フランスではサルトル・ボーボワールの夫妻（フォーマルには結婚していなかったのでカップルと呼んだ方がよい）などがいる。女性の進出が目立つ現代だけに夫婦での大活躍という例は増加するであろうが、サルトル・ボーボワールが先がけなように、結婚していない男女の組み合わせ、あるいは結婚していても夫婦別姓で大きな共同作業をする男女が増加するものと予想できる。

社会主義と人間愛——ベアトリス・ウェッブ

ベアトリスはボッター家の九人の娘のうち第八番目として、父・リチャードと母・ローレンシナの間で一八五八年に生を受けた。父の家系が実業家だったので経済的に裕福な家庭であったし、政治にも関心があって政治家をも兼ねていた。母も裕福な家庭に育ったし、実家では政治家がよく顔を出す環境の中にいた。言わば父母ともに経済的に豊かな家庭に育ったので生活苦はなかった。しかも政治好きな家庭だったので、ベアトリスは父母のＤＮＡを受け継いで、政治や経済のこと、そして文学や哲学への関心は高かった。重要なことは、母・ローレンシナは若い頃は著述家なり活動家なりを夢見たほどの女性であったが、結婚後は九人の子どもを生んだことと家計の運営で大変だったので、夢を娘に託すところがあった。ベアトリスはこの夢を現実のものとした、という解釈が可能である。

ボッター家にはサロン的な雰囲気があって、よく開催される夕食会やパーティーには、当時の文化人がポッター家に出入りしていた。その中に哲学者、社会学者として有名なハーバート・スペンサー（一八二〇〜一九〇三）がいた。スペンサーはベアトリスの家庭教師のような役割を果たして、彼女の教養、学識、思想の形成に大きく寄与したことはよく知られている。

スペンサーの哲学思想を一言で要約すると、ダーウィンの進化論を人間社会に援用したところの「社会的ダーウィニズム、あるいは社会的進化論」の主唱者であって、適者生存、あるいは弱肉強食の世界が人間社会にも存在していると主張した。やさしく言えば、強い者はますます強くなり、弱い者はますます弱くなって滅亡に至ることがある、という思想である。現代の格差社会の発生要因の一つとして、この社会的進化論の浸透に求める学派がある。すなわち人間社会における競争の激化が、勝者と敗者の区別をより鮮明にするという見方である。

ベアトリス・ウェッブ

ベアトリスはスペンサーの弟子として、宗教、哲学、文学、科学、芸術など幅広い分野を学ぶし共感をも覚えたが、一方でスペンサーの思想とは異なる文化人の考え方にも接していた。あらゆるジャンルの人（例えば、英独仏の文学作品、社会学のオーギュスト・コント、経済学のアダム・スミス、デイヴィッド・リカード、ジョン・スチュアート・ミル、カール・マルクス、芸術・文化のジョン・ラスキンやウィリアム・モリスなど）の著作にも接して、徐々に自己の哲学・思想を確立するようになった。

具体的にどういう確立かというと、師匠のスペンサーの思想から離れて、徐々に社会主義の方向に舵を取り始めるのである。それは哲学としては人間愛に燃えるようになり、利己主義的な感情よりも利他主義的な感情を重視するようになるのが、二〇歳代半ばのベアトリスであった。どちらかといえばスペンサーは個人主義、自由放任主義、社会進化論を信じる立場だったのであるが、ベアトリスにおいては、他人のことを思い弱い人を支援することの大切さを認識するようになった。

ベアトリスのこの変化は、当然のことながら文学、哲学、経済学などの書物を読み漁ったことによる新しい知識の吸収による面もあるが、直接的な契機は二四、五歳の頃に、ロンドンのイースト・エンドにおける社会調査の仕事に従事するようになって、貧民街の人々に接したことの影響がある。そこで貧民街で住む人の生活苦を直接知ることによって、慈善活動に入ったこととの効果がある。一八八六年にはイースト・エンドにおける貧困者、下層社会の人々のことを報告したし、その次の論文は有名なチャールズ・ブース編の『ロンドン貧民の生活と労働』という書物の中で担当したほどである。このブースの研究はイギリスのみならず、世界における貧困研究のさきがけとなっている有名な書物である。筆者も浦川邦夫と共著で『日本の貧困研究』（東京大学出版会、二〇〇六）を出版したとき、このブースは大いに参考にした書物である。

もう一つの大きな契機は、シドニーとの出会いと結婚である。このあたりの事情については名古

(二〇〇五)から知り得た。二人が出会ったのは一八九〇年の一月であり、シドニーは植民地省の高級官僚の地位にあり、自信に満ちた生活を送っていた。でも思想的にはフェビアン社会主義を広める運動に従事していた。一方のベアトリスは貧困地区の社会調査に携わりながら、既に述べたように徐々に社会主義の思想に傾きつつあった。

こういう現状の中で二人は出会い、シドニーはベアトリスにぞっこん惚れて彼女の魅力のとりこになってしまった。シドニーはベアトリスに必死に求愛するが、知り合った当初のベアトリスの対応は冷たかった。しかしシドニーはあきらめずに忍耐強くベアトリスに愛情を告白し続けた。ベアトリスの心も徐々にシドニーに向かうようになった。二人を結婚に結びつけた一つの有力な要因は、二人ともフェビアン社会主義への信奉があったことと、この思想に基づいて公共のために奉仕する人生への共感があった、とされる。

後に述べるように、シドニーの育った家庭はベアトリスの育った家庭の裕福さと比較すると下層の中産階級なのでかなりの違いがあり、当時の社会環境からすると二人の結婚は階級差のある結びつき、あるいは流行語を用いれば「格差婚」という様相を呈していた。二人の間には階級の壁があった。すなわち上流階級にいたベアトリスはそれを捨てて、庶民階級に入ることをも意味したのである。しかしこの壁を乗り越えることのできたのは、言うまでもなく二人の深い愛情と強い信頼であった。そして二人がフェビアン社会主義社会を目指すという共通の目的を人生でもったことも二人を結びつける要因であった。

二人の結婚生活は一八九二年六月から始まり、裕福な親からのベアトリスへの財産相続によってかなり恵まれた生活を送ることができ、シドニーは植民地省を辞して、政治家の道を歩む。二人の生活はまさに夫婦共同で共通の目標を目指すのであり、フェビアン協会社会主義を現実の世界で定着させる努力をしたのである。

官僚から政治家へ――シドニー・ウェッブ

シドニーは父・チャールズと母・エリザベスの下で、一八五八年にロンドンで生まれた。両親の職業は理髪店・会計士であった。いわゆる下層中産階級の身であった。とてもイートン校のようなエリートの入学するパブリック・スクールに通えるような身分ではなく、学校は普通の小学校に通った。しかしスイスやドイツに一二歳から一六歳まで遊学したのであるから、教育熱心な親の下で育ったし、本人も学習意欲は強かったと解釈できる。

その後ロンドン市専門学校とバーベック・カレッジで学んだ。成績は抜群だったようで、当時の公務員採用試験に合格する。オックスフォード大学とケンブリッジ大学出身者の多い当時のイギリス高級官僚の世界で、シドニーは自分の学力と才能だけを頼りにして、下層中産階級の出身ながら、植民地省の職員になったのである。きっとオックス・ブリッジ出身の人に対抗意識があったと想像できる。

江里口（二〇〇八）はこのことを詳細に述べている。すなわちシドニーが植民地省に勤務していた二四歳（一八八三年）のとき、ケンブリッジ大学のトリニティ・カレッジの奨学金の試験に合格していたのであるが、彼は入学を辞退したのである。ロンドンの植民地省に勤務しながら、トリニティ・カレッジに寄宿することは不可能なのが理由である。当時のケンブリッジに入学するには、カレッジの寮に入らないとダメであったのであろう。ようやく下層の中産階級の子弟であってもオックス・ブリッジに進学できるようになりつつあったイギリスの階級社会において、シドニーはオックス・ブリッジに進学したかったのかもしれない。当時のイギリスの教育事情については橋木（二〇一三）に詳しい。

「歴史にイフはない」が、もしシドニーがケンブリッジ大学に入学していたら、彼の人生はどのようなものだったろうか。植民地省、あるいはイギリス官僚組織の中でエリートとして出世したかもしれず、その後になってフェビアン社会主義運動の中で中心人物として活躍したことはなかったかもしれない。

ケンブリッジへの入学を断念したシドニーはそのまま植民地省で勤務を続けるが、在職中の一八八五年に後に詳しく述べるフェビアン協会の会員になる。いわゆる社会主義者としての活躍が始まるのである。と同時に執筆活動にも精を出すようになった。不思議なのは高級官僚という身分でありながら、政治団

シドニー・ウェッブ

体の会員となって政治活動を行ったり、執筆活動をも行うことが当時のイギリスの官僚の世界では可能だったのである。日本の官僚の世界であれば、少なくとも表向きは政治活動が禁止されているし、勤務時間外での執筆活動が原則であろうが、その人による多くの著作が世に現れると勤務時間内にも執筆や研究に取り組んでいるのではないか、と勘ぐられる可能性がある。

シドニーにとってこのような二刀流の生活が困難になったことや、政治活動と執筆活動に特化するため、一八九一年にシドニーは植民地省を辞職する。そして政治活動の具体的な成果としては、同じ年の三月にロンドン州議会議員に選出されたのである。同じ年の六月二三日にシドニーとベアトリスは結婚したのであるから、シドニーにとっては一八九一年という年が、官僚から政治家になる、執筆活動をますます活発化する、そして結婚という二人の人生の大きな転機の年であった。シドニー三二歳、ベアトリス三三歳のことであった。

2　フェビアン協会での活動

資本主義へのささやかな抵抗

イギリスは産業革命をどの国よりも先に成功させて経済は強くなり、かつ七つの海を制した大英帝国というヴィクトリア王朝の華やかな時期に、この時代の社会にささやかな抵抗を示そうとしたグループの一つがフェビアン協会であった。もっともドイツやアメリカの台頭により、イギリス経済はこれらの国に遅れを示し始める時期であったことも事実であった。ウェッブ夫妻はフェビアン協会を拠点にして活動することになるので、この協会の生成とその後の発展を記しておこう。

フェビアン協会は何名かのロマン主義者、急進思想主義者が集って、私的な会合組織を一八八四年に創設した起源を持つ。社会が腐敗しているとか、資本主義の矛盾に気の付いていた人が罪の意識を抱いていたり、社会を改良せねばならないという願望の強い人の集まりであった。そこに有名なバーナード・ショーがフェビアン協会に加わった。ショーはアイルランド生まれの文学、芸術、教育などに関心の高い活動家であり、協会への影響力は強かった。ノーベル文学賞をアイルランド人としてはウィリアム・イエーツに次いで受賞した二人目であり、戯曲、小説、映画などにおいて高い業績を示した人である。文学のみならず政治にも関心が高く、その思想は進歩主義に近く、いわゆる穏健な思想である社会民主主義を主張したのである。彼は資本主義の矛盾を説き、労働者保護や男女平等を主張する論説を協会内で公表した。ショーは協会内での先進的な指導者としての地位を固めたのである。

ショーより一年遅れて、シドニー・ウェッブが協会に入った。シドニーは公務員でもあったのでショーほどの急進的な思想をもってはおらず、むしろオーギュスト・コント（フランスの社会学者）の実証主義に忠実で、穏健な社会改革を理想としていたと言った方がよい。しかしシドニーは討論仲間であるショーやヘンリー・ジョージの急進主義者との会話を重ねていくうちに、徐々に社会主義の方向に転じていくのであった。しかし重要なことは、当時既にヨーロッパで勢いを得ていたマルクス主義

フェビアン協会のシンボルマーク

とは一線を画すスタンスを取るのが、フェビアン協会の中核的な思想であった。すなわち労働者による政治的な暴力革命の遂行策には賛成せず、社会の改革を漸進的に行うという主義の採用であった。しかも民主主義を基本において変革を目指すので、穏健な社会民主主義というのがフェビアン協会における根幹の政治の主義・思想であると言ってよい。

より具体的にはマルクス主義のように労働者が資本家への抵抗をすべく集団的に行動をするというよりも、フェビアン協会の主義・主張を文章として公表して、中産階級の人々をも含めた労働者階級の支持を集める努力をするというものであった。すなわちフェビアン協会自体が強い政治圧力団体として行動するのではなく、政治勢力に対して自分たちの主義・思想を啓蒙することによって民主的にかつ漸進的な変革を目指すというものであった。

フェビアン協会が背中を押して支持する政党は当時でいえば自由党、特にその自由党急進派であり、社会民主主義的改革を自由党急進派が行うことを期待したのである。本書の第4章で論じる首相経験者でイギリスの社会保険制度を創設したロイド・ジョージは、自由党の国会議員であったことを記憶しておきたい。ウェッブ夫妻は必ずしも熱狂的な社会保険論者ではなく、むしろ社会保険を必要としない経済組織にするのが理想と考えたので、この点ではウェッブ夫妻とロイド・ジョージとの接点はあまりないが、後に述べるウェッブ夫妻による「ナショナル・ミニマム論」はロイド・ジョージをはじめ中産階級の支持者が多い自由党との接点はあるので、「ナショナル・ミニマム論」は重要である。

フェビアン社会主義とケインズの登場

ウェッブ夫妻の属するフェビアン協会は、政治思想として民主主義と社会主義を主として信奉するのであり、その思想の中心にいたのはシドニーとベアトリスの二人であった。資本主義の欠点を是正するために、労働者の権利を保護するための社会主義を主張するが、その手段として少数の先鋭部隊の労働者が革命を起こして、資本家を追放するといった第3章で述べるマルクス主義のような過激な活動を認めてはいなかった。それは議会制民主主義の下で、議会制民主主義の政治の世界において、多数派が労働者なりそして中産階級の利益を保障する制度にするという漸進的な改革路線であった。

このような穏健路線であれば、労働者の権益をもっとも重視する例えばマルクス主義に近い思想家や政治家からすると、生ぬるい運動にすぎないとの批判を受けるのは当然で、協会設立当初からの同志であったバーナード・ショーは、後になって協会を離脱して芸術活動に特化して、もう少し過激な社会主義運動に走ったのである。

マルクス主義者であるエンゲルスは、なんとウェッブのことを「金、派閥、出世主義」と批判したし、ロシアの革命家レーニンはウェッブ一派のことを「ブルジョア詐欺師の一味」「徹底的な日和見主義者」と批判したことが名古（二〇〇五）に書かれている。

一方でフェビアン社会主義はいわゆる個人主義を好む思想家からの批判もあった。例えばウィリアム・モリスはシドニー・ウェッブを「官僚的社会主義者」あるいは「国家社会主義者」と称して、知性尊重のエリート主義に立脚した路線にあると批判したのである。そして自由主義を尊重する論者、例えばフリードリッヒ・ハイエクなどからは資本主義の良い点を無視するウェッブ夫妻への批判のあったことは当然であった。換言すれば、ハイエクからするとマルクス型社会主義もフェビアン型社会主義も同列にある主義として批判の対象だったのである。

このようにウェッブ夫妻の思想なり政治路線は、政治思想における左右の両勢力から批判されていたことに気づく。資本主義は競争社会という弱肉強食の原理に忠実であり、失業と貧困を生む性質を保有する制度なので、苦しい生活を強いられる労働者階級を保護する制度にする必要性を説いた。それは公共精神に立脚したものであり、ある程度の私有財産制度の禁止とある程度の社会による生産手段の公的所有を容認する制度と考えてよい。しかしウェッブ夫妻はそれを成就するために例えば革命という手段に訴えず、議会制民主主義制をうまく活用してそれを成功させる方策を主張したのである。目的は国民大多数の支持を得て議会制民主主義の下で、国会なり内閣が法律や制度をつくったりして、漸進的に社会を変革することにあった。

このいわば左右勢力の中間にあって、変化を急激に押し進めるのではなく、平和裏に社会を変えていく案は自由主義と民主主義の世界にとって健全なことなので、筆者の思想と相通じるところがある。

そういう意味ではウェッブ夫妻の思想は筆者の好みに合っている。

しかし一点だけ残念なことがある。それは名古（二〇〇五）に書かれていることであるが、ウェッブ夫妻は政治・啓蒙活動から引退した一九三〇年代になってから、ソビエト型社会主義に傾倒していったのである。当時はアメリカの大恐慌に余波を受けて世界経済は大不況の中にあり、ドイツではナチズムによるファシズムが台頭していた。ウェッブ夫妻は危機を感じたのであろう。ソビエトまで視察に行ってから、共産党一党独裁による計画経済の制度を賛美するようになったのである。あの穏健な民主主義による社会主義への移行を考えていたウェッブ夫妻にしては意外な行動であった。

一九三五年にはなんと『ソビエト・コミュニズム――新しい文明』と題して出版までしたのである。想像するにウェッブ夫妻はイギリスの資本主義は大不況の中にいたので限界を呈していたし、ドイツ・イタリア・日本などの全体主義による攻勢を見ている中で、この世界の政治と経済の混乱を解決するにはソビエト型の共産主義しかないと思ったのであろう。ヨーロッパにおける穏健な民主社会主義思想を主張していて、一定の支持を集めていた高名なウェッブ夫妻を利用しようとしたソビエト政府のしたたかさに、夫妻が乗せられた可能性がある。

繰り返すが、筆者の思いは「ウェッブ夫妻は晩節を汚したのでは」という評価である。資本主義経済の国々は一九二〇年代の後半から三〇年代にかけて、大不況の中にあったので、それを解決するには例えばマルクス経済学のような過激な思想が有効かもしれない。ところが一方で資本主義を擁護する経済学の理論が同じ時期に提唱されたことを強調しておきたい。

それはイギリスの経済学者・ケインズによる不況の経済学である。資本主義経済においては好況・不況の波を起こす景気循環は避けられないのであるが、政府が対策をしっかりやれば不況を立ち直らせることは可能で、資本主義経済は崩壊に至ることはない、とケインズは主張したのである。彼の本は一九三六年に『一般理論』として出版され、世界中の経済学者がこの本の魅力のとりこになったことは有名である。現にケインズ経済学はアメリカのニューディール政策として現実に応用され、アメリカ大不況の克服にある程度の成功を収めており、このことは第6章でフランクリン・ルーズベルト大統領のところで論じる。さらにスウェーデンのミュルダール夫妻を論じる第2章でも、スウェーデンではケインズとは独立に、不況に対するマクロ経済政策の発動の理論をもっていたし、現実の経済政策でもそれを実践していた。

3　ナショナル・ミニマムの実現へ

有規制産業と寄生的産業

ウェッブ夫妻のナショナル・ミニマム論は非常に有名である。現代においてもその価値は失われていない。

日本の民主党政権のとき、「ナショナル・ミニマム研究会」を新政権の目玉としてつくり、日本でナショナル・ミニマムを達成するにはどうすればよいかが論じられたほどなので、日本での関心も高い。ナショナル・ミニマムをわかりやすく定義すれば、「市民ないし国民が、生きていけるだけの最低限の生活水準を維持する」ということになる。国民すべてに生きていけるだけの所得保障がなされている必要があり、このことが生存権という思想によって確保されるのである。日本国憲法を引用するまでもなく、すべての国民が健康で文化的な最低限の生活をする権利を有している、と宣言していることからも、ナショナル・ミニマムは現代でも価値の高いスローガンなのである。

ナショナル・ミニマムをこのように抽象的に理解することは簡単なことであるが、ウェッブはこのナショナル・ミニマムをすべての国民に保障するためには、どのような社会・経済体制が望ましいかを具体的に提唱していることに高い貢献がある。ウェッブはイギリス救貧法の歴史を詳細に検討して歴史の流れを理解した上で、イギリス社会・経済の現状を徹底的に分析した結果から、彼らのいう望ましい体制を主張するのである。その体制を一言で述べれば、ここまで論じてきたフェビアン流社会主義ということになる。

シドニー・ウェッブはイギリス経済の分析を『産業民主制論』で示している。それを要約するなら、イギリス経済は二つの部門から成るとする。一方は「有規制産業」であり、他方は「寄生的産業」である。前者は経済効率性が高いので高賃金産業であり、後者は効率性が悪いので低賃金産業である。ウェッブによると、寄生的産業をいつまでも放置しておくと、労働者は常に低い所得に苦しむので、有規制産業に転換させる必要があると主張する。あるいは寄生的産業は市場からの撤退も辞さないとしている。

なぜ前者を有規制産業と呼ぶかということが、ウェッブの社会・経済観を如実に物語っているのである。ウェッブの経済学を追ってみよう。これらの産業には通常労働組合が組織されているし、様々な規制が労働組合の提案によって実行されているので、経営は効率的になされるし、労働者の保護もなされているとみなした。ウェッブはイギリスの労働組合の歴史を詳しく検討（一八九四年の初版と一九二〇年の再版による『労働組合運動史』）して、労働組合が労働者のナショナル・ミニマムの確保に寄与してきたことを積極的に評価するのである。特に次の五つの分野で労働組合の要求が発端となって、法律として実を結んだことを強調する。

①最低賃金　労働者が生きていくため、かつ効率よく働けることを保障するための賃金額
②最長労働時間　労働者の健康を守るため、これ以上働いてはならない労働時間
③衛生・安全　職場で死亡したり傷害を発生させないため、安全で快適な環境措置
④義務教育　児童労働を禁止して、児童に義務教育を施すこと
⑤余暇と休息　労働者の健康維持と住居の保持

以上、五つの分野は、劣悪な労働条件で働いている労働者の苦痛を緩和するために、一八三三年の工場法の制定とその後の改定、一九〇九年の最低賃金法の制定などで獲得したものであり、これらの成果が「有規制産業」として経営効率の高い企業を生んだ源泉にあるとウェッブは考えたのである。

そこで果たした労働組合の役割をウェッブは評価したのであった。労働組合の規制によりナショナル・ミニマムを達成した企業は、快適な労働条件の下で労働者の勤労意欲を高めることに成功し、生産性は高まり企業活力を蓄えて、ますます成長するのである。この論理は古典派経済学者として有名なアルフレッド・マーシャルの成長論思想と共通する部分があるので、ウェッブは決してマルクス主義経済思想の持ち主ではないと言える。繰り返すが、「寄生的産業」では労働組合もなく、未熟練労働者が多いので生産性も低く、ここで働く労働者は低賃金労働で苦しむのである。

アルフレッド・マーシャルとの関係

アルフレッド・マーシャルのことを述べたので、ここでイギリス経済学界で影響力の大きかったマーシャル（一八四二～一九二四）のことを一言述べて、ウェッブ夫妻、特にシドニーとの関係に注意を払ってみよう。

マーシャルは言うまでもなくイギリスでは知的エリートを多く輩出しているケンブリッジ大学の経済学教授を務めた人であり、部分的均衡論において新しい仕事をしたし、他にも貨幣論、教育論、産業論の分野で著作を出版し、経済学の世界に多大な貢献をした。もともとはケンブリッジ大学で数学を勉強したのだが、ロンドンの貧民街を見たことによって貧困を解決する学問として経済学に転向したとされるし、有名な言葉として「cool head but warm heart」があり、筆者の好みとする名言であると思っている。

アルフレッド・マーシャル

一八九〇年に代表作『経済学原理』を出版するが、この書物の出版前にマーシャルは人間の労働ということに関心を寄せて、産業革命を経てから過酷な労働を強いられている労働者の苦労を和らげるにはどうしたらよいかを考えて、種々の主張をしていたのである。マルクス経済学派もこの過酷な労働を問題にして、後には革命などという過激な手段に訴えるようになるが、マーシャルの場合にはそういう過激な方法ではなく、論理的かつ穏健な政策を考えたのである。いわば非マルクス経済学（近代経済学と称された頃もあった）の代表として、マーシャルの労働に対する見方は有用である。橘木（二〇一二）はマーシャルの労働問題に関する主張を詳しく論じたので、ここではそれを簡単に要約しておこう。

①産業革命が終了期にあったイギリスでは、機械化の進展は労働者の過酷な労働条件、例えば過重な力仕事や環境の悪い工場での仕事を和らげるのに役立つと考えた。これは「ラッダイト運動」として知られる考え方、すなわち機械化は労働者の雇用を奪うので、むしろ機械導入に反対した運動とは異なるものである。

②労働者は熟練労働者と非熟練労働者の二種類に分類される。前者は技能も高いのでホワイトカラー職に近い仕事に従事するが，後者は肉体労働に特化していることが多い。できるだけ前者に従事する人の数を増やすことが肝要として，それをマーシャルは「労働者のジェントルマン化」と呼んだ。

③「ジェントルマン化」を成就させるための手段として有効な政策は，国民の教育水準を向上させることにあると考えた。具体的には，一八七〇年の初等教育法によって子どもの義務教育を規定していたが，当時のイギリスではまだ義務教育は完全には実践されていなかったので，マーシャルはその実現を主張したのである。特に下層階級の子弟でも教育が受けられるようにと説いた。

④非熟練労働者の肉体的苦痛を和らげるには，労働時間の短縮策が効果的と考えて，具体的には勤務の「交替制」を主張して，例えば朝の七時から午後一時までの午前組と，午後一時から午後七時までの午後組の二つに区分して，労働時間六時間制を主張した。「交替制」は労働組合が早朝や夜間の勤務に抵抗したし，熟練労働者が主たる参加人である労働組合は，労働者の数の増加につながるので自分達の権益が犯されるかもしれないと反対したので，容易に進行しなかった。

これらマーシャルによる労働問題に関する見方と政策を踏まえて，彼の主著『経済学原理』をここで考えてみよう。マーシャルのこの書物はこれまでの経済学という学問の進展を網羅したものとして，高い評価を受けたし，マーシャルをイギリス経済学界の権威者として認定させることに寄与したのである。近代経済学に特有な企業や労働者の自由な競争のメリットを賛美したし、その理論的基礎を明確に提出した。しかし既に述べたようにマーシャルは労働者に格別の敬意を払ったので、無制限な競争だけを賛美したのではなく、社会政策的な政策の導入をも念頭において、彼の経済学理論を『原理』の中で盛り込んだのである。

マーシャルは様々な経済学史上で今でも残る理論（例えばワルラスは均衡を達成するには価格が変動して安定化するとしたが、マーシャルは財の数量が変動して安定化すると考えたし、弾力性概念の提示、あるいは部分均衡論の有用性など）を編み出したが、筆者はマーシャルによる「準レント」の提唱を評価している。

もともとレントはリカードが「地代」として考えた概念に近いが、マーシャルは優れた経営者による企業経営は大きな利潤を生むし、優れた機械や資本設備を用いた企業にも大きな利潤が発するとした。そういった大きな利潤の存在をレント、あるいは準レントとみなして、こういう企業の存在が産業での基幹となって産業は進歩すると考えたのである。

今ではレントないし準レントの意義はマーシャルに帰せられているが、江里口（二〇〇八）によると、シドニー・ウェッブは自身がレントの重要性を既に考えていて、その意義を主張したいと書物を書こうとしていたところに、マーシャルに先を越されてしまって残念な思いをした、と指摘されている。ケンブリッジ大学のエリートという地位にあるマーシャルの『原理』の影響力を考慮すれば、シドニー・ウェッブはいわば民間の経済学者にすぎない地位しかないので、マーシャルの影響力のある著作に多少の羨望を抱いたのかもしれない。

さらにシドニーはマーシャル『経済学原理』が理論中心の書物であって政策論議が欠けているとの批判を、書評の中で記していることを江里口（二〇〇八）で知ることができる。民主社会主義への傾倒を強めていたシドニーは、理論よりも政策の重要性を感じるようになっているし、政治の世界においても実践活動を行うようになっていたことの反映である。その一つの成果が純粋アカデミックな活動を中心にするオックス・ブリッジのようなエリート教育とは異なって、理論のみならず政策をも研究するＬＳＥ（London School of Economics and Political Science）を一八九五年に設立するのにシドニーは積極的な貢献したことである。既に政治家になっていたシドニーは教育にも大きな関心を寄せていて、高等教育において実学の重要性を認識していたので、ＬＳＥの設立に関与したのである。

ウェッブ経済学の評価

ここでウェッブの学説・主張に対する筆者なりのコメントを書いておこう。第一に、「有規制産業」の高い生産性と賃金の要因を、労働組合の寄与と諸々の法律（工場法や最低賃金法）の効果に帰せすぎている点が気になる。高い経営効率や高い生産性は、企業における資本（機械）の装備状況や技術進歩の程度、投資資金の調達具合、働く労働者の質などにも依存するのであるから、これらの要因をも考慮すれば労働側の要因だけで説明するのには無理がある。

もとよりウェッブ夫妻は労働組合の役割を積極的に評価したい意図があったし、ナショナル・ミニマムの達成が企業の活性化に貢献することを理解してもらいたいからこそ、労働側、あるいは労働組合の要因の重要さを強調しすぎた感は否めない。しかし、マーシャル流の「レント」の重要性を認識していたシドニーであるから、経営側の能力や効率性の高さの役割をも理解していたと考えられるのではないだろうか。社会主義者としてはそれを前面に出すことは、資本側を賞賛しかねないと恐れて、それを控えたことがあったかもしれない。

第二に、「寄生的産業」における劣悪な労働条件にいる人をどうすればよいかということに関して、ウェッブはこれらの企業における工場法や最低賃金法の徹底的な遵守に期待した。しかし現実にはこれら「寄生的産業」には労働組合は存在しないので、企業家はなかなか遵守しようとしない。しかしいつまでも労働条件が低く抑え続けられていれば、その企業で働く労働者の勤労意欲は低くなるだろうし、もともと低い生産性しかもっていない労働者しか採用・雇用できなくなる可能性が高い。そうするとこれから「寄生的産業」は「有規制産業」との競争に敗れて、衰退ないし退場を余儀なくされるとウェッブは考えた。

第三に、いわゆる産業民主制の枠外にいる「寄生的産業」で働く人々の労働条件を上げるためには、あるいはその企業の生産性を上げるには、ナショナル・ミニマムを徹底させるかどうかの成功にかかっているとウェッブは考えた。これらの労働者の労働条件を上げることの必要性はわかっているが、ウェッブ時代のイギリスにあってはなかなか「寄生的産業」で働く人の労働条件を上げることは困難だった。

でも二つの可能性が残されている。第一の方法は、ウェッブもその策を認めているように、「寄生的産業」すなわち低効率の企業に市場から退場してもらい、効率性の高い企業に新しく市場に登場してもらう策をとることにある。実はこの方策は現代のデンマークやスウェーデンといった北欧諸国では実際に採用されていることを強調しておこう。経営者は自己の企業が非効率とわかれば、比較的容易に市場から撤退するし、そこの労働者も別の企業に移ることに抵抗感はない。企業の新陳代謝は北欧では激しいのである。

第二の方法は、ウェッブの主張によると社会主義経済体制になる策である。かなり時代が過ぎてから、ソビエトや東欧諸国でのこれらの経済体制が失敗した歴史的な事実を知るにつけ、社会主義に移行しなかったイギリスは幸運だったのである。あるいは、第4章と第5章で述べるように、イギリスはケインズ経済学と福祉国家の登場と実践により、社会主義国にならなくて成功だったと解釈しておこう。

第2章　グンナー・ミュルダールとアルヴァ・ミュルダール
――福祉国家と平和と

1　ミュルダール夫妻

福祉国家と平和国家へ

スウェーデン人である夫・グンナー（一八九八～一九八七）と妻・アルヴァ（一九〇二～一九八六）というミュルダール夫妻にはいくつかの共通点がある。しかもその共通点は、常人をはるかに超えた卓越した業績を残したという特色がある。まず第一に、ミュルダール夫妻はともにノーベル賞を受賞した。グンナーは一九七四年に経済学賞を、アルヴァは一九八二年に平和賞を受賞したのである。夫妻でノーベル賞を受賞した例はキューリー夫妻（物理学、化学）の例がある。キューリー夫妻は一九〇三年に物理学賞を共同で受賞したが、妻のマリーは後の一九一一年に単独で化学賞を二度目として受賞している。キューリー夫妻と異なる点は、ミュルダール夫妻は別々の分野で、異なる時期の受賞と

グンナー・ミュルダール

いうことにある。

第二に、夫妻ともにスウェーデンの国会議員を経験したので、政治家でもあったのである。しかもグンナーは大臣をも経験したし、アルヴァはインド大使や国連での軍縮会議のスウェーデン代表を経験したので、国を代表する重要な職にあった。すなわち、スウェーデン、そして世界をリードする政治・経済の仕事に従事したし、人類への貢献も大きかったのである。

第三に、専門家・研究者としてはグンナーの経済学者としての貢献は、ノーベル経済学賞で示されるように明確であるが、アルヴァには専門家としての仕事もある。それは後に紹介する夫妻の共著による書物『人口問題の危機』（一九三四年）で示される。とはいえアルヴァはこの書の出版後に一〜二冊の書物を出版はしているが、その後のキャリアは政治家、外交官として際立っているので、生涯にわたっての研究者とは言い難い。ノーベル平和賞の受賞がそれを如実に物語っている。

第四に、夫妻の哲学・政治信条、あるいは経済思想としては、いわゆる社会民主主義を信奉していたと言ってよい。いわゆる自由至上主義ではなく、かといって共産主義・社会主義でもなく、穏健な自由主義と民主主義を信奉し、そして何よりも平等主義を好んだのである。簡単な言葉で代表させれば、フランス革命の標語として有名な「自由・平等・友愛（あるいは博愛）」を二人の思想の出発点にしたといっても過言ではない。こういう思想に共鳴しておれば、福祉国家、あるいは福祉社会を理想としていたのは自然である。

第五に、やや蛇足であるが、ミュルダール夫妻の姓に関して、二人は共通の姓をもっていることから、妻アルヴァは結婚して夫の姓・ミュルダールを用いたものと想像できる。彼女はミドルネームにライマルを用いることがあるので、ライマル（Reimer）は結婚前の旧姓だったと想像できる。一九二四年に二人は結婚（グンナーは二六歳、アルヴァは二二歳）したが、当時のヨーロッパでは男女が結婚すれば、妻は夫の姓を引き継ぐことが多かったのである。

なぜこの姓のことを書くかといえば、現代であればミュルダール夫妻のように両人とも職業人、特に専門職であればどちら（特に女性）も結婚後に姓を変えることは少ない、つまり夫婦別姓を名乗ることが多いと思うからである。日本ではまだ戸籍上は夫婦別姓は認められていないが、慣例として通称で旧姓を名乗る人（特に女性の場合）がかなりいるのである。一九二〇年代と一〇〇年後の現在において、時代の差を認識しておきたい。

ここで二人の経歴と実績を簡単に述べておこう。まずグンナーから始めよう。グンナーはスウェーデン中部のダーラナ地方にあるグスタフスで一八九八年に生まれた。先祖は農家であったが、父は成功した建築業者であった。この地方の人々は一六世紀に侵略してきたデンマークに抵抗した歴史があり、強固な精神と独立心の旺盛な特色があったので、グンナーもその伝統を引き継いでいた。ストックホルム大学の法学部に入学して、法学士の学位を取得して、弁護士になった。しかし彼は法律の仕

アルヴァ・ミュルダール

事に馴染めず経済学部に再入学する。そこでは妻・アルヴァの影響があったことがバーバー（二〇一二）に記されている。

知的好奇心に満ちていたアルヴァは、当時付き合っていたグンナーに有名なスウェーデンの経済学者であるグスタフ・カッセルの『社会経済学原論』を勧めたのである。すると、彼はこの書の魅力にとりつかれて読破し、経済学部に再入学するのである。経済学者としてのグンナーについては後に詳しく述べることにして、アルヴァの生い立ちについて続けよう。

父が社会民主主義者であったことから彼女もそのＤＮＡを継承したと思われる。そしてグンナーがむしろ彼女から社会民主主義の影響を受けたとされるところが興味深い。ところでまだ女性が職業に就くような時代ではなかったので、家事・育児に専念すべしという家庭に育ったアルヴァであったが、それを打ち破って心理学の学位を取り、後に職業生活をまっとうするのである。

話題をグンナーに戻すと、一九二七年にストックホルム大学でＰｈ．Ｄ．（博士号）を取得し、一九三三年には三五歳で同大学の教授になった。興味深いことは彼が教授職にありながら、一九三四年に国会議員（上院）になったことである。その後も間隔を置いて合計六年間も議員を務めたし、戦後の一時期（一九四五〜四七）は商工大臣まで務めた政治家だったのである。国際的な仕事としては、国連のヨーロッパ経済委員会の委員長職を、一九四七年から五七年までの長期にわたってあたった。学者が国会議員や大臣になることはどの国でも起こることであるが、スウェーデンのような小国であれば特に有能な人にいくつかの仕事が与えられるのである。学識と主義・主張を現実に実践する立場にあったのである。なおグンナーの政治活動は当然のごとく、社会民主主義政党に属してのものであった。

学者、政治家、大臣、国際機関での行政職、など様々な仕事に就いたが、もっとも栄誉のあることは、一九七四年のノーベル経済学賞の受賞であった。ミュルダールの受賞についてはかなりの論争を呼び起こした。第一に、ノーベル経済学賞はスウェーデンで授与されるだけに、スウェーデン人であるミュルダールには多少のためらいがあった。特に後に述べるように、経済学は価値前提の明示を必要とする学問であるとミュルダールは主張していたのであり、価値前提を必要としない純粋科学と経済学は異なるという見方をしていたので、経済学者としての受賞に多少のためらいがあった。もっと広範囲な論争を呼び起こした点として、第二に、ミュルダールとの共同受賞者がミュルダールの経済思想と相容れない、すなわち対極にあるとみなされていたフリードリッヒ・ハイエクだったので、二人の異なる思想をもつ人の共同受賞に疑問が呈されたのである。

ノーベル賞委員会の公表した二人の受賞理由は、二人の若い頃に出された貨幣経済論と景気変動論への貢献にあるとされたので、表面上は二人の相容れない経済思想とは関係がない、というスタンスであったとの解釈も可能であった。しかし多くの経済学徒の間では、二人が中年以降になってから主張した経済思想（すなわちミュルダールの社会民主主義に近い福祉国家論の立場と、ハイエクの自由至上主義に近い非福祉国家論の立場）があまりにも異なるのに、なぜ二人が同時に受賞したのか、ということに話題が集中した。一方の思想を好む側からは他方の人との同時受賞を好まないかもしれないが、ノーベル委員会は二人でバランスをとったのではないか、という解釈が一般的である。

続いて、妻・アルヴァの経歴と業績を述べておこう。彼女はストックホルム大学で言語学を学んでから、卒業後に夫・グンナーとアメリカに渡る。帰国後はウプサラ大学で社会心理学の修士号をとった後、子どもの教育を行う学校をつくってその仕事に従事する。戦後は国連やユネスコで幹部職として勤務してから、一九五五年から六一年までインド大使を務めた。その後はスウェーデン政府の国連における軍縮会議の代表を務めたし、首相への軍縮アドバイザーにも就いた。この軍縮に関する彼女の熱心な取り組みと、特に冷戦時代という当時の二大軍事強国であるアメリカとソ連の間での困難な交渉の役割を果たした功績により、一九八二年にノーベル平和賞が授与された。

人口問題の危機

ここでの記述で明らかなように、アルヴァの主たる業績は軍縮交渉にある。本書の主たる関心は福祉問題にあるので、軍縮問題に関しては著書の紹介のみにする。すなわち『正気への道　軍拡競争逆転の戦略』（豊田利幸・高榎尭訳、岩波現代選書、一九七八、原書は *The Game of Disarmament: How the United States and Russia Run the Arms Race*, New York: Pantheon 1976, revised 1982.）である。

福祉に関するアルヴァの貢献は、若い頃に一九三四年に夫と書いた *Crisis in the Population*

Question（以下、『人口問題の危機』、邦訳なし）である。この書物はいわゆる北欧型福祉制度を主張する先駆けとなっているので、やや詳しく検討したい。しかも現代の日本における少子化問題にも示唆を与えるので重要である。

一九二〇年代から一九三〇年代のスウェーデンは、少子化に悩んでいた。すなわち出生率の低下が深刻だったのである。その理由としては、一九世紀には人口の大半が農業に従事していたのであるが、二〇世紀に入ると産業構造の変化が起きて、人々は地方での農業から都市での商工業に従事するようになった。農業であれば働き手が必要だし、後継者も必要だったので、農村部での出生数は高かったのである。しかし都市部では働き手はそう多く必要ない。さらに、避妊法も広く知れ渡っていた。一九二〇年代の人口純生産率はバーバー（二〇一二）によると、七五％にまで低下していたのである。

ミュルダール夫妻は人口減少を食い止め、人口数を定常状態（すなわち人口が増減しない状態）にするため、出生率の向上政策を主張したのである。

当時のヨーロッパでは人口問題に関しては、新マルサス主義が優勢だったので、出生率の向上を説くミュルダール夫妻の主張には反対論がかなりあった。ここでマルサス主義とは、人口は幾何級数的に増加するが食料は算術級数的にしか増加しないので、食料品不足が深刻となる。そこで出生率を抑制することが必要となる、という意味である。「新」マルサス主義は出生率の抑制の具体策として、例えば避妊などの産児制限策を奨励するものである。

ミュルダール夫妻がなぜ出生率の低下を憂慮するかといえば、人口数の低下は有効需要の減少を意味するので、経済成長の低下を招き、経済停滞をもたらすと考えたからである。後に述べるように、グンナー・ミュルダールはケインズ経済学の先駆けの理論をスウェーデン内で主張していたので、ケインズ的な発想をして経済の停滞を避けたい気持ちが強かったのである。

むしろ『人口問題の危機』は、スウェーデン流福祉国家論の先がけとなる政策を主張したことに価値があると強調したい。それは出生率の低い家庭が子どもをもてる経済的余裕のない貧困家庭に多いことに注目して、貧困撲滅策と出生手当や子ども手当の支給といったことを主張したのである。具体的には、公営住宅の供給や家賃補助策、貧困層の母親への手当、無償の学校給食、貧困家庭の子どもへの奨学金、保育所の拡充、家庭への健康食品の配給、出産手当、結婚ローン制度、など多岐にわたっていた。現代でいう所得再分配政策、社会政策などが主張されたのである。

これらの政策がすべてうまく実行されたのではないが、いくらかでも実践されたことと、これらの政策が世に問われて国民の間でその重要性をめぐって論議の深まったことに価値がある。この書はスウェーデンではベストセラーとなったことでも、その出版意義のあったことがわかる。後になってスウェーデン型、あるいは北欧型福祉政策の本格的な導入の基礎になった書物として評価したい。

『人口問題の危機』を積極的に評価する筆者であるが、一点だけ汚点があることを見逃せない。それはあの福祉国家スウェーデンが優生学を信じて、一般論としては出産奨励策を推奨したが、精神的、知能的、ないし肉体的にハンディをもった人々にはそれを求めず、出産を諦めることを説いたのである。具体的にはミュルダールに関係していた王立人口問題委員会は、そういう人々の不妊手術まで求めたのであった。いわゆる優生学のいうところの断種の強制であった。

人類には一九三〇年代から四〇年代にかけてのナチス・ドイツによる人種擁護策（アーリア系白人種）と人種排除策（ユダヤ民族）の記憶がある。ナチスではユダヤ民族を殺戮という最悪の歴史があったが、これほどひどくはないが、ハンディキャップをもった人々の生きる権利、生む権利を剥奪した汚点をスウェーデンはもったのである。少し弁解すれば、ハンディを背負った親の間で生まれた子どもは、多分一定の確率でもってハンディを背負って生まれるであろうから、そういう子どもの出現を阻止する策にも一理はある。親子ともどもに苦労するだろうし、社会もそういう人の支援に手間とコストがかかるからである。一方で、人間誰しも子どもをもつ権利はある。この問題に関して残念ながら筆者は強固な意見を持ち合わせていない。人間の平等を重視する福祉国家であっても、こういう優生学に関係した問題があったという指摘にとどめておきたい。

2　グンナー・ミュルダールの経済学と福祉国家論

経済学と福祉国家論に関しての著作はグンナーのみなので、ここからはミュルダールとはグンナー・ミュルダールを意味すると解してほしい。ミュルダールの博士論文は主としてカッセルの指導と影響の下にあった。当時のスウェーデンには過去からミュルダールの時代まで数多くの優れた経済学者の名前があった。例えば、今でも経済学史上のみならず経済学上の定理や学説として輝きを失っていない人として、ヴィクセル、ヘクシャー、オリーン、リンダールなどの名前がある。小国にしては数多くの優れた経済学者を生んだスウェーデンであり、ストックホルム学派という名前まで与えられているほどなので、スウェーデンの経済学の水準はかなり高いということを認識しておきたい。

『経済学説と政治的要素』

博士論文はとても質の高い内容だったので、ストックホルム大学の講師に任せられた。そこでミュルダールは博士論文を延長させ、そして二年間の思索の末に『経済学説と政治的要素』という処女作をスウェーデン語で出版した。その後ドイツ語版や英語版も出版された。スウェーデン語版はスウェーデン語圏の人しか読めないが、ドイツ語版、特に英語版は世界中の経済学者から関心をもたれた。好意的な見方と批判的な見方が交錯した反響であった。このあたりについてはバーバー（二〇一一）が詳しい。

『経済学説と政治的要素』を一言でまとめれば次のようになろうか。当時の主流派経済学は限界革命という言葉が象徴するように、効用関数に基づいての需要理論が盛んであったが、この動向にミュルダールは批判的であった。この主張に対しては師匠であるカッセルも賛意を示したが、ミュルダールの著作全体は、彼以前のスウェーデン経済学者の学説に批判的な理論を展開したので、古参の経済学者からは反感ないし無視の姿勢が示されたのである。

筆者が興味をもったのは、本書を執筆した若い頃のミュルダールはマックス・ウェーバー流の価値自由な社会科学のあり方に親近感をもっていたし、政治によって偏向されがちな理論や政策に批判的な態度であったことである。すなわち経済学は政治的価値から独立であるべき、との思想をミュルダールの若い頃では信じていたのである。それが彼が年をとるとともに、考えを変化させるようになり、『人口問題の危機』や『福祉国家』を論じる年齢に達すると、後に述べるように「価値前提の明示」を求めているので、彼の思想・主義は年齢が進むにつれて変化したことを知っておきたい。

『アメリカのジレンマ――黒人問題と現代民主主義』

一九三八年頃からミュルダールはアメリカのカーネギー財団からの委嘱により、アメリカの黒人問題を複合学問（社会学、経済学、歴史学、政治学、人類学、宗教学、教育学など）的に調査・分析する作業に取り組んだ。この研究のためにアルヴァとしばらくアメリカに滞在した。研究プロジェクトはグンナーをヘッドとして何人かのチームにより運営された。プロジェクト開始から六年後の一九四四年に、二分冊の大著『アメリカのジレンマ』が出版された。

アメリカには黒人の存在という人種差別のあることは皆の知るところであるが、その分析を第三者の外国人に委嘱したのであるから公明正大を期待したし、意義もある。黒人の生活実態を、雇用、賃金、生活、栄養、健康、教育などの多方面から接近して、差別の実態を明らかにした。そしてその差別がなぜ発生したのかを多角的に解明したし、その解決策をめぐってもアメリカ国民が真剣にこの問題を考えるようになったのは、本書の出版が一つの契機になったことは確実である。

残念ながらこの書物は日本ではそう取り上げられることがない。まずアメリカという外国のことであるし、人種問題はないとまでは言えないが、日本においては国民的な大きな課題ではないからである。しかし今後人口減がますます深刻となって、移民の導入論議が本格的になったときは、本書を読み返す意義が生じるかもしれない。

ここではアメリカの黒人問題を調査・分析したミュルダール自身の得たことは何か、を考えてみたい。スウェーデンというほぼ同質的な白人社会から、アメリカという人種のるつぼに飛び入って調査を始めると、人間社会には恵まれた人と恵まれない人（あるいは差別される人）の存在を目の当たりに見ての衝撃の大きさはいかほどか想像できる。この筆者ですら、アメリカに到着したときの第一印象は人種のるつぼということにあった。ましてミュルダールはこの問題を学問的に分析する使命を帯びてのアメリカであるから、黒人あるいは人種のことを直視することから始まったといっても過言ではない。さらに弱い立場にいる人の悲惨さを文献からも現地での生活体験からも習得したことの価値が大きい。

アメリカに渡る前からミュルダールの信条は「平等」を第一にするというものであったが、アメリカの黒人生活の実態に接してその感を強くしたのではないか、というのが筆者の判断である。本国スウェーデンにおいても恵まれない人、あるいは弱い立場にいる人の存在は当然であるが、アメリカにおける黒人の立場はスウェーデンでのそれよりもはるかに鮮明である。そうであるなら、より強固に「平等」のもつ意味を認識するし、平等を達成するための政策の発動の重要性を、より感じるのである。この筆者ですら、ミュルダールより遅れること四〇年後であっても、一九七〇年代のアメリカの社会をこの目で直接見ると、貧富の格差の是正の必要性を感じたのである。その間の事情は橋木（二〇一六b）に記してある。戦前のアメリカであればなおさらその意識は強烈だったに違いないと想像できるのである。

もう一つミュルダールのアメリカ体験、あるいは黒人問題の調査で得た教訓は、弱者の救済、あるいは平等の達成のためには強力な政策が必要ということを認識させたことにあるのではないか。一九三四年にミュルダールは既に国会議員になっていたので、政治の世界の大切さを認識していたのであるが、強力な政策の実施のためには自分がその世界の真ん中に入って政策を立案・実践する必要性を、改めて感得したと想像できる。その証拠に、一九四五年にミュルダールは商工大臣、そしてスウェーデン計画委員会の委員長に就任しているので、正に政治の世界のど真ん中に入ることを避けなかったと推察できる。

このように政治の世界に入って政策の立案と実践を行う仕事に就くと、彼の学問上でのスタンスの変化をもたらすことがありうる。既に強調したように、ミュルダールの若い時代は経済学の理論や政策を論じるときは、事実を客観的に観察した上で、価値中立の下でいかなる偏向もない分析をしてから、学説を主張する精神の中にいた。しかしスウェーデンの人口問題、そして今回はアメリカの人種問題を知るにつけ、方法論としてあるいは理論・政策の構築に際しては、価値中立を排してむしろ「価値前提の明示」を容認することが望ましい、と思うようになったのである。すなわち「……することが好ましい」あるいは「……のようにあるべきだ」という前提を容認することにやぶさかではなくなったのである。なお「価値前提の明示」は日本におけるミュルダール研究の第一人者である藤田（二〇〇六）でも強調されていることである。

『福祉国家を超えて』

日本の学界ではミュルダールといえば、『福祉国家を超えて』がもっともよく知られて、かつ言及されることの多い書物である。スウェーデンが北欧型福祉国家の典型例として、福祉国家を論じるときには、本書がバイブルのような扱いを受けているのが日本である。

ところが不思議なことに、日本以外の国では本書はさして話題にされていない。例えばミュルダールの生涯を記述したバーバー（二〇一二）では、本書はほとんど言及されていない。バーバー（二〇一二）では、むしろミュルダールの若い頃の景気対策としての財政政策、そして貨幣論という純粋理論に関することや、人生後半期におけるインドを中心としたアジア諸国の貧困を解決するための政策に関することが主要話題となっている。そういえばミュルダールのノーベル賞受賞における選考理由にも、若い頃の貨幣経済論の貢献が挙げられていたことを思い出してほしい。

なぜ日本と日本以外の国の間で、ミュルダールの業績評価において、関心の違いが生じているのであろうか。種々の理由が考えられる。第一に、日本では一部の福祉専門家の間で福祉国家への憧憬が強く、福祉の書物が熱狂的に歓迎される雰囲気にある。一方で国民全般はどうかといえば、アメリカ型の自立主義を好む人が多く、そういう人は福祉国家論に関心はない。前者の執筆する論考がミュルダールを福祉国家論の代表者として、特にノーベル賞を受賞したことにより、より多く言及して引用するのである。

第二に、アメリカに関する『アメリカのジレンマ』や、アジアに関する『アジアのドラマ』などの一般書が、日本以外の国では注目度が高いが、日本はこれら二国と無関係なので関心が低いのである。一方日本以外の国の人にとっては、『アメリカのジレンマ』や『アジアのドラマ』という影響力のある書物を出版したミュルダールというイメージが強いのである。

第三に、ミュルダール自身の人生後半期における経済学上の貢献も、福祉国家の現実を分析するよりも、その理論的側面を分析することに関心を示した。それは国際貿易の理論上のことや、先進国と低開発国の間の関係に注目するということで示された。代表的な理論として後に議論する「累積的因果関係論」が挙げられる。これは先進国における「好循環」と低開発国における「悪循環」の存在を福祉国家論に結びつけたのである。この理論が高く評価されたので、ミュルダールは再び経済学の理論家としての地位を高めた。

では『福祉国家を超えて』出版とその後の理論的貢献を概観してみよう。ミュルダールは当時の世界が、アメリカの自由主義・資本主義とソビエトという計画経済・共産主義の二大国による冷戦構造の中にあり、双方が覇権争いをめぐって軍事拡大と経済競争の中にいたが、その両者にも与しない第三者の国のあり方を福祉国家とみなしたのである。具体的にいえば、国家が中央集権的にすべてを決定して命令するのではなく、適当に分権化された制度の下で、人々が自由でかつ民主的に豊かな生活を得るための制度づくりと政策を行うものである。例えば分権化としては地域の自治が重視されたし、産業や人々の所属する組織（例えば労働組合、経済団体、消費者団体、農業協同組合など）が自主的に諸政策に責任をもってあたるといったことである。中央政府の役割は、それら地域や諸団体の主張なり政策の調整役に徹するということにある。しかし中央政府は調整役だけにとどまらず、地方や諸組織にアイディアを提供してそれを検討してもらうような仕事は行う。ここは多少政府による計画の存在を重視しているとみなしてよい。

ここで述べたもっとも代表的な例の一つは、スウェーデン型中央集権賃金決定論で理解できる。毎年の賃金上昇率を決めるに際して、スウェーデンでは労働組合の代表、経済団体の代表、そして政府の三者が議論を重ねて、産業別そして地域別の賃金上昇率を決めるのである。政府の役割は毎年のインフレ率、失業率、生産性上昇率、利潤率、国内と国際経済の動向などの資料を提供して、三者の議論の末に合意の下でその年の賃金上昇率を決定したのである。この賃金決定方式は、スウェーデンのマクロ経済を最適に運営するのに役立ったと理解できる。福祉国家の一つの顔である。

ここで「累積的因果関係論」とは何かを議論しておこう。ミュルダールはこの考え方を、既に同国人の経済学者・ヴィクセルからヒントを受けていた。ヴィクセルは初期の均衡状態に攪乱が起きて次の均衡状態に移ろうとするとき、初期に戻ろうとする作用と、次に移ろうとする作用の両者が発生するのであり、どちらに向かうかはその両者のうちどちらの作用がより強いかによって決まると考えた。ヴィクセルは彼の『利子と物価』でこのことを累積過程と称したのである。

ミュルダールはこの考えを『アメリカのジレンマ』の中で応用して、アメリカにおける白人と黒人の関係に応用したのである。もとより黒人の生活水準は黒人に対する差別があるので低く抑制されている。その差別の要因は、黒人側の貧困、無知、欠陥、不潔さ、犯罪などがあるから、白人が意識して反感をもつことによって説明される。しかも黒人側の生活水準が上昇して、ここで列挙した貧困などのいくつかの減少が和らぐ可能性があり、白人側からの差別意識も弱まるかもしれない。そうすると白人の生活水準と黒人の生活水準の変化が、差別意識の変化につながり、結果として差別は減少するかもしれない。もちろん逆の効果もありうるので、どちらかの効果がより強いかによって黒人差別の強弱が決まる。まさに累積的因果関係論の応用である。

ヴィクセル

なおここでヴェブレンというアメリカ制度学派の経済学者の登場を願おう。これに関しては藤田（二〇〇六）に負う。ヴェブレンは社会の進化のためには個人の思考様式や価値判断の変化が必要であると主張しており、社会構造との相互連関関係に注目せねばならないとした。すなわち、個人の思考や価値判断と、社会構造が双方向に影響し合うのであるが、どちらの影響力が強いかを見極めなければならない、というのがヴェブレンのいう制度派的動態論であった。

この双方向の考え方を、ミュルダールは先進諸国と低開発国の関係の解釈に応用したのであった。ここで先進諸国はおおむね福祉国家とみなしてよく、平等概念が強くかつ高度成長経済である「好循環」の中にいるのに対して、低開発国は悪平等概念が強くかつ貧困という「悪循環」の中にいる。ミュルダールは先進諸国と低開発国の間には「逆流効果」「波及効果」があると考えた。前者は貿易・移民・資本移動を通じて両経済圏間の格差拡大効果をもたらすのに対して、後者は技術の移転や先進諸国における低開発国の農産品や原料への需要があって。両経済圏内の格差縮小効果があると考えた。類型的因果関係論によれば、逆流効果の方が波及効果より強いので、先進国と低開発国の格差は縮むことはない、とミュルダールは考えた。

このような考え方をミュルダールがもつようになったのは、後に述べるインド大使となった妻・アルヴァに伴ってインドにしばらく滞在して、低開発国経済の実態を見聞して低開発国の発展を考え、『アジアのドラマ』を出版した経験が生きている。すなわち世界的規模で福祉国家論を考えるようになり、低開発国の経済成長をも含めた話題で、福祉国家という言葉よりも福祉世界という言葉を用いるようになった。世界的規模で貧困の撲滅、すなわちどのようにして貧困国が経済発展をすればよいかを、『貧困からの挑戦』として一九七〇年に出版しているのである。

福祉世界を達成するには、結局は低開発国の自助努力と先進諸国の責任というのが結論となる。前者に関しては、①大土地所有者を排する農地改革、②避妊を普及させて人口の抑制、③教育水準の向上、④行政府や法制度の整備、などがある。これらの施策を知るにつけ、日本の明治時代における政策や、第二次世界大戦後の政策に似たことが主張されていると気が付く。ミュルダールが日本の経済発展の理由や現状を熟知していたとは思えないが、日本の成功は他の低開発国へのモデルになるかもしれない、と主張できる。

『アジアのドラマ――諸国民の貧困の一研究』

『アメリカのジレンマ』で成功したミュルダールは、今度はアジアの貧困を研究すべく研究計画をもったが、資金集めには苦労した。とはいえアメリカの二〇世紀基金の支援を得て、後に『アジアのドラマ』として計画は結実したのであった。アメリカと同様にかなり大きなプロジェクトで、共同研究員も複数いて、インドを中心にした現地調査を始めた。既に述べたように、インド大使に妻・アルヴァの赴任したことも大きかった。

ミュルダールはインドを中心とした南アジア諸国は、植民地時代が長かったし、固有の伝統文化があるだけに、近代化に遅れていたことを痛感していたので、近代化をこれらの国で押し進めるには、「近代化諸理念」を定着させる必要があると考えた。それが具体的にどのような理念であるかについてはここでは述べず、経済学の立場に執着して南アジアを考えてみよう。

当時のヨーロッパの経済学界ではポスト・ケインジアンのハロッド＝ドーマー成長モデルへの信頼性が高かった。対極にある新古典派成長モデルよりも人気が高かったので、インドをはじめ南アジアではハロッド＝ドーマー型の成長モデルを適用すればよいという思いが当初はあったのである。ハロッド＝ドーマーモデルは資本の増強を第一の手段と考えるので、まず貯蓄率を上げて資本形成を計るという意図があった。

しかしヨーロッパ資金があるなら機械、輸送手段、電力といった資本の増強は容易であるが、南アジアではそれが容易ではないことは確実である。国民の総人口の四分の三が農業に従事しているのであるから、資本設備の増強率は簡単に成功しないこと確実である。

さらに、たとえ貯蓄率を上げたとしてもそれらの資金がうまく投資に向かう保証は、金融機関がまだ未整備だったのでどこにもなかったのである。ケインズ経済学の想定する貯蓄イコール投資の恒等式は南アジアでは成立しないことも問題であった。

そこでミュルダールの考えた方策は、一気に工業化を達成する政策をあきらめ、まずは農業の近代化から始めることであった。農業の生産性を高めてまずは農業で国内において余った人口を吸収する作戦である。そして農業生産が進めば失業者の数は減少するし、農業収穫量の増加により国民の生活水準を向上させることが可能となる。ついでながら農業の生産性の向上は、農業技術の向上を必要としたし、化学肥料の使用などを要請した。こういう農業技術の向上は、他の工業の分野における技術の向上に波及するし、化学肥料の需要増には化学工業の進展を促すという効果も期待できる。

以上が非常に大雑把な『アジアのドラマ』の要約であるが、バーバー（二〇一一）が紹介しているように、内容の評価については当然のことながら賛否両論であった。でも一〇年以上の歳月をかけ、三部にもわたる大作をミュルダールが成しえたことは、貴重な貢献であったし、もっと重要なことはミュルダール自身がこの研究を経験したことが、世界規模にわたる福祉世界への道を主張する基礎づくりになったことである。偉大な経済学者、ミュルダールの評価は定着したのである。

第Ⅱ部　欧米諸国での福祉改革

第3章　マルクスとビスマルク
――新しい経済思想と鉄血宰相

世代はやや異なるが二人ともドイツ人であり、しかもマルクスは一世を風靡した経済学者であるし、ビスマルクはドイツ帝国の鉄血宰相としてドイツにとどまらず、ヨーロッパの政界に君臨した。本書の注目する影響力の強かった学者と政治家であることに加えて、ビスマルクはマルクス主義に対抗するための手段として、世界に先駆けて社会保険制度という社会政策を導入するのであり、二人には直接の対決はほぼないが因縁の関係にあることが魅力となっている。

あえて二人の差に注目すれば、マルクスはユダヤ人であったし、彼の理論は様々な批判と迫害を受け、最後はロンドンで客死した。でも彼の経済学は後世まで残った。一方のビスマルクはゲルマン系だったし、政治家として大成功を収め、ドイツ帝国の中では重要な人物として君臨した。

1　カール・マルクスの果たした役割

マルクスの生い立ちと若い頃

カール・マルクス（一八一八～一八八三）は父が弁護士というユダヤ人夫婦の下にプロイセン国内のドリーアで生まれた。両親ともに熱心なユダヤ教徒であったが、父は後にユダヤ教を離れてプロテスタントに改宗した。とはいえ母は夫の改宗時には改宗しなかったが、後に改宗した。なおカールも父の改宗時に改宗したのであるが、彼にとってユダヤ人の家系というのは重い歴史を背負うこととなった。後の人生においてもこのことが大なり小なり彼の人生を左右することがあった。マルクスの人生については、鈴木（二〇一六）と佐々木（二〇一六）に負う。マルクス一家はプロイセン王国の領下なので、封建主義の風潮が充満していたが、父は自由主義者だったのでカールもその影響を受けて、自由主義を好んでいた。

カールは地元のギムナジウム（大学進学を想定する中等教育機関）で学んだときは、詩人・ハイネを愛する文学少年であった。卒業後はボン大学に進学する。法学、歴史、文学などを勉強する学生であった。在学中に貴族の娘・イエニー・フォン・ヴェストファーレンと婚約したのである。なお貴族出の女性ではあったが、カールはパリやロンドンに亡命することによって夫妻の経済生活は困窮を極めることになる、妻・イエニーはそれを予想したのであろうか。

マルクスはボン大学からベルリン大学に移る。ボン時代にはロマン主義、理想主義に燃えて詩作に熱中したカールであったが、ベルリン大学では厳格な法学教育を受けて、父に続いて弁護士になってほしいという父の希望があっての転学とされる。しかし息子カールは法学よりも哲学に興味を覚えるようになった。特にヘーゲルの哲学を勉強するようになり、後に彼の学問・思想を形成するのに大いに役立つのである。

よく知られているようにヘーゲルはドイツ哲学の本流であるカント哲学の流れを継いでいる。人間の理性の大切さを強調したカントであったが、ヘーゲルはそれをやや人間社会の現実に引き下ろす哲学を主張したのである。筆者がヘーゲルから得た好きな教訓は、彼の『精神現象学』の中で「承認欲望」を説いたことである。人は他人から褒められたいと希望するからよい仕事をするし、労働の喜びが高まると考えたのである。労働経済学からすると人はなぜ働くのかの指針を与えるのであり、経済学が哲学から受けた最高の啓示である。人はなぜ働くかを経済学として解明した橘木（二〇一一a）があるので、関心のある方は参照されたい。

経済学からすると、どういう手段なり言葉を用いてよい仕事をした人を褒めるかが関心となる。それは高い報酬で与えられるのか、高い地位に昇進させるのか、あるいは褒めの言葉だけでいいのか、いろいろな方法があるので、どの方法が望ましいのかを論議するのは、経済学や経営学の役割である。あるいはよい仕事とは何をしたことによって評価されるべきか、も論点である。例えば販売員であれば、品物をどれだけ売ったのかで評価されるし、学者や技術者であれば新しい学識や技術の発見・実用であるし、公務員であれば人々のために尽くして感謝されたとき、など職業や仕事の内容によって異なるものである。

マルクスは後になって「労働の疎外感」ということを述べて、人間にとって労働とは苦しいものだ、ということを主張する。例えば有名な例として、一人で好きなようにパンを作れるパン職人と、ベルトコンベアーの前で一分おきに単純な繰り返しの力仕事をする工場労働者を比較すれば、後者は苦痛しか感じないので、疎外感の源となる、というのがマルクスの見方である。前者の例は、芸術家でスタートとし、後に社会主義者となったイギリス人のウィリアム・モリスなどに共通するところがある。モリスは職人、詩人、デザイナーとして自己の思うままに日用品や装飾品を自らの手仕事でつくることこそ、生きがいを感じる仕事としたことで有名である。

ヘーゲル哲学に話題を戻すと、ヘーゲルの弟子にブルーノ・バウアーという哲学者がいて、ベルリン大学からボン大学に移って教授になっていた。マルクスはバウアーと共同で論文を書いていて、できればボン大学で教職の職を得たいと願っていた。ところがバウアー一派の宗教批判の仕事は当局から批判を受け、バウアー自身もボン大学を追われることとなり、マルクスに教職の道は閉ざされたのである。

教職の道をあきらめたマルクスはジャーナリストの道に進む。『ライン新聞』の記者、編集長として健筆をふるったのである。同時に哲学などのように抽象的な理論をふりかざすよりも、現実の社会で発生している種々の問題をどう具体的に解決したらいいか、ということに関心を移すようになった。

ジャーナリストとなればいわば自然な方向転換であったし。それらの社会問題の解決策をめぐっては、ヘーゲルの思想から離れている方向に進んだのである。

ヘーゲルの基本思想は立憲君主制を理想とするものであり、しかも国家の役割に期待する主張であった。市民社会では農民、労働者、市民、経営者など様々な人々の間で利害の対立や衝突などは当然に起こりうるが、それを解決するには法律を基礎においた国家による役割が大きいと考えたのがヘーゲルであった。

しかしマルクスにおいては、国家の役割には限界があるとして、当事者間の紛争はある程度力ずくで解決されねばならないと思うようになっていた。すなわち弱い立場にいる者は強い立場にいる者への抵抗を強めるしかない、と考えるようになっていたのであり、いわゆるマルクス主義思想の先駆けである。後に経済学に深入りすることになるマルクスにとって、弱い者は労働者であり、強い者は資本家であるとみなすようになるが、ジャーナリストの頃にこの考えの走りをもつようになっていた。ジャーナリストとは思索をめぐらすよりも、世間の実態をよく見てから次の政策を考え、できれば解決策を具体的に示す職業とみなせる。

経済学者カール・マルクス

一八四三年になってから七年越しの婚約者、イエニーと結婚したが、パリに夫妻は移住する。その後のマルクスはブラッセル、パリ、ロンドンと亡命生活を強いられることになるが、一生涯通じて経

カール・マルクス

済的には困窮生活から脱却できなかった。しかし学問への探求心は常に強かったし、政治的にも刺激に富む発言や出版を重ねて、社会に与えた影響力は強かった。

哲学によって社会を変えられないと悟ったマルクスは、支配者である資本家階級と被支配者としての市民である労働者の関係を明確に知るには、経済取引の実態を解明せねばならぬと思い、哲学から経済学へと軸足を移す。しかし哲学を決して捨てたのではなく、ヘーゲル哲学の延長線上で経済学を摂取しようとしたのであった。

一八四三年から四四年にかけてマルクスはパリに滞在していたが、そのときに生涯の盟友であり、かつ共同研究者であるエンゲルスに会った。以前にも会ったことはあったが、パリで一〇日間ほど寝食を忘れての議論は、二人が後に共同で書物を出版したり行動をともにするようになる契機となったのである。二人の関係については、カーヴァー（二九九五）に詳しい。二人はマルクスがパリからブラッセルに亡命したときに、有名な『ドイツ・イデオロギー』を執筆、そして『共産党宣言』を一八四八年に共著で出版したのである。なお前著はマルクス・エンゲルスの生前には出版されず、二人の死後に出版された。『共産党宣言』の方が当時としてはインパクトが大きかったので、この書を論じてみたい。

一八四八年という年は意義深い年である。パリで二月革命が勃発した年でもある。労働者階級がブルジョア階級に抵抗を示した初めての歴史的事件であった。ブルジョアとは一七八九年の有名なフランス革命の頃は中産階級や市民階級を意味したのであり、市民革命として、絶対王政を倒す層としてのブルジョアであったが、その後の資本主義の隆盛とともに市民という意味から資本家階級という意味に徐々に変化したのである。すなわち二月革命では労働者階級の資本家階級への抵抗という意義を含んでいたのである。パリの二月革命はドイツ、オーストリア、ハンガリーなどに波及し、三月革命として各地で革命の気運が盛り上がったのである。

しかしフランスの二月革命によって成立した第二共和政は、ほどなくナポレオン三世の登場によるクーデターによってふたたび帝国となり、一八五二年に第二王政の国家となった。革命の失敗であった。フランス以外の国でも革命の失敗が続き、王制や帝国の復帰となった国が多かったのである。

このように革命の起きた一八四八年にマルクスとエンゲルスによる『共産党宣言』の出された意義を考えてみよう。それは労働者階級と資本家階級の対比、あるいは対立という視点を、マルクスとエンゲルスが明確にしたことにある。すなわちブルジョア（資本家）とプロレタリア（労働者）は対立する階級として存在するものであり、後者は前者によって搾取されるのが常なので、階級闘争として前者に抵抗せねばならないと主張したのである。そしてその抵抗の主体として活躍するのが政治勢力としての共産党であらねばならず、プロレタリアが支配階級になる必要性を説いたのである。

この書の冒頭には有名な文章、すなわち「ヨーロッパに共産主義という幽霊が出る」というのがあり、巻末にはこれまた有名な文章、すなわち「万国の労働者、団結せよ」というのがある。この書は学問的な書物というよりも、政治的なプロパガンダとみなすべきである。当時はまだ議会政党としての共産党は存在しておらず、一八五二年の二月までロンドンに存在した「共産主義者同盟」という秘密結社を念頭においた『共産党宣言』であった。なおマルクスとエンゲルスのこの書を理論的に支持する文献としては、後にマルクスによって出版される一八六七年の『資本論』まで待たねばならなかったのである。

マルクスの『資本論』

とはいえ、『資本論』の出版の前に、マルクスはその予稿とみなせる経済学の論文を続々と出版するが、それらを手元に草稿として残している。それらは『経済学批判要綱』『経済学批判』『剰余価値学説史』といったものである。危険分子としてフランス政府から退去を命じられたマルクスは、一八四九年八月にロンドンに亡命する。そこにある大英博物館の図書館で猛勉強に励んだときの仕事である。経済的に困窮していたマルクスを支援したのは、盟友のエンゲルスであったことはよく知られている。

ここで『資本論』を中心にしてマルクスの経済学を概観しておこう。筆者はマルクス経済学者ではないので、マルクス経済学には疎い。学生時代（小樽商科大学）に、当時北大の教授だった降旗節雄の講義で学んだにすぎない。降旗の講義では日本のマル経学者のうち一派を形成した宇野学派（宇野弘蔵による経済学）の教科書、『経済原論』を読んだ。この知識だけでマルクス経済学の全容を理解したとは到底言えないし、そもそも『資本論』も読んだことはないので、マルクス経済学は門外漢といっても過言ではない。むしろ経済学史の書物（橘木　二〇一二）を執筆したときに、マルクス経済学を学説上から評価したので、これに沿ってマルクス経済学を概観する。

マルクス経済学は英仏を中心にして発展した古典派・新古典派経済学の批判からスタートし、その後マルクス経済学派として一大学派を形成したので、重要な経済学である。なお「英仏」と書いて独（ドイツ）を書いていないのは、ドイツには「歴史学派」という経済学派が存在していた。この学派は英仏の経済学とは異なり、それなりの存在意義を有していた。「歴史学派」は次のビスマルクを論じるときに言及するので、ここでは当面ふれない。

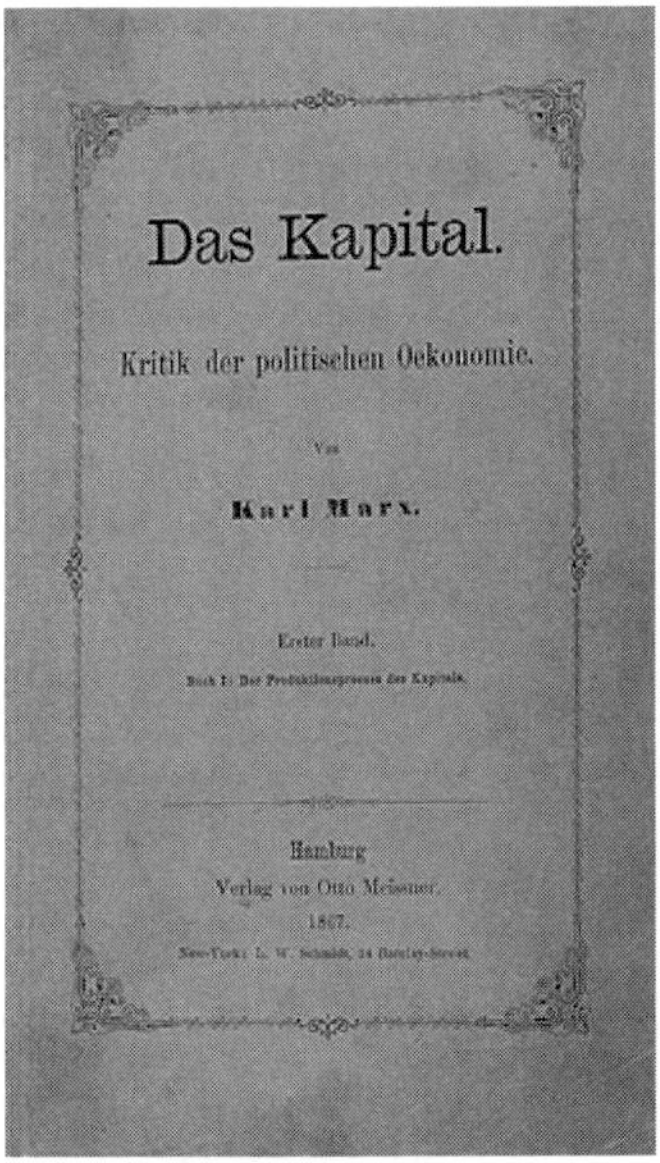

『資本論』の初版

マルクスはアダム・スミス、ディヴィッド・リカード、ジョン・スチュアート・ミル、フランソワ・ケネーなどの古典派・新古典派の経済学書を読み漁り、批判的にそれらを吸収して彼独自の新しい経済学の理論を打ち出したのである。とはいえ、マルクスが古典派・新古典派の経済思想を一つだけ引き継いだものがある。それは、スミス、リカード、ミルの伝統をもつ「労働価値説」である。労働価値説を一言で述べるのなら、スミスによると物の価値は投入された労働の投入の価値で決まる、ということである。換言すれば物が蓄積されて富が形成されるが、富の本源的な要素は労働によってもたらされるものである、ということになる。

このスミスの説に対してリカードやミルは新しい学説を加えた。それは物（あるいは商品）の生産には労働のみならず、土地、資本（機械や道具）も投入されるので、物（あるいは商品）の価値は投下労働量の価値と土地・資本の価値で決まると考えた。これが古典派による分配の法則、あるいは限界生産力原理である。土地や資本への分け前（すなわち地代や利潤）が増加すれば、必然的に労働への分け前（すなわち賃金）の低下を呼び起こすことになる可能性を示唆したのである。

マルクスはこれまでの労働価値説を発展させて、「剰余価値」という概念を生み出して、その新しい学説を主張した。労働者は企業、あるいは資本家に雇われて労働に励むのであるが、その代償として賃金を受け取る。企業、あるいは資本家は労働力の生む価値以下の価値（すなわちそれを剰余価値とみなす）を求めようとする。剰余価値は多くの土地・資本の投入によって生じるか、増加するかもしれないし、資本家の強い力によって賃金を低く抑えることで生じるかもしれない。

もし資本（機械）が多く投入されたことによるのであれば、必要な労働投入量は減少してもよく、余った労働者は失業者となりうる。マルクスはこういう労働者を産業予備群と呼んで、資本家が強くなると失業者の増加があるし、労働者の労働条件（たとえば賃金や労働環境）がますます悪くなるだろうと予測した。

一方で資本を多く保有する企業は生産性が高くなって他の企業との競争に勝つようになり、ますます市場での生産を増加させるようになる。負けた企業はつぶれるか撤退に追い込まれ、ここでも失業者の増加がある。強い企業の生産増加はそれが過剰生産につながって物や商品が余ることとなり売れなくなる。そうすると商品の値段が下落して企業の売上げ額が減少し、不況の時代に突入する。企業の売り上げ額の減少をもたらす不況を生むもう一つの要因として、既に述べた失業者の増加と賃金の抑制によって、人々の購買力を低下させることがある。これが家計需要を減少させるという事実なので、加えておきたい。景気が悪くなるのは必然である。

ここで述べた経済の動向が、資本主義が宿命として景気循環を生む性質を有していることの理由である。それが一層進むと恐慌につながり、世の中に失業者があふれ、企業倒産も同様に多くなる経済へと進展するのである。マルクス経済学は資本主義経済の行く末は恐慌の発生で終末を迎えるとしたのである。

マルクス以降のこと

マルクスの『共産党宣言』や『資本論』以降、どのようなことが経済や政治の世界で起こったかを簡単に述べておこう。

第一に、資本主義の宿命である景気循環、あるいは恐慌の発生があるとしたマルクス経済学の命題は、現実にも発生したことを強調しておきたい。それは一九三〇年代のアメリカ経済において不況が深刻となり、ウォール街の株価大暴落を迎えて、世界的な大不況となった歴史的な事実である。失業者数の激増と企業倒産の激増という大不況だったので、恐慌とみなしてよく、マルクスの予想は的中したのである。

第二に、資本家と労働者の対立が深刻になるにつけ、労働者が自己の権益を主張するために、結束を強める時代を迎えることになる。具体的にはイギリスでは既に労働組合が結成されて労働運動を行うようになっていたが、まだ弱かった。一八四八年のマルクスとエンゲルスの『共産党宣言』を契機にして、労働運動は強くなるようになった。ヨーロッパ諸都市における二月革命や三月革命の抵抗運動はまだ組織されたものではなく、市民や労働者による非組織の下での個々の立ち上がりだったと理解できる。例えば労働組合や政党などの組織が計画を立案して、かつ指導者による指揮系統のはっきりしている組織だった抵抗運動の方が、革命の成功する確率は高いのである。それがなかったからこそ、二月革命や三月革命はごく短期間の成功を収めたにすぎず、後に王制や帝国の復活という反動政治を見るのであった。

第三に、資本主義経済における競争の激化と、一部の資本家によるますますの資本増強は、市場の中で独占力を発揮できるほどの巨大企業や巨大資本グループをつくることになる。これをマルクス以降の経済学は独占資本主義への道と称したし、時の政治勢力と結びついて他国への植民地支配に向かわせるという帝国主義への道につながる時代に入った。第一次世界大戦や第二次世界大戦は、これら独占資本主義や帝国主義の下での各国間の争いが、結局は国対国の戦争、あるいは同盟国や連合国間の戦争という姿で表れたと理解してよい。

第四に、「万国の労働者、団結せよ」のスローガンは、後になって労働運動が強くなる精神的な支柱になったし、労働運動は徐々に強くなるのであった。これを最高の成果として結実させるには、暴力革命によって大土地所有者、資本家勢力や政治権力を打倒すべし、という過激な思想が生まれることとなった。その代表例がロシアの革命家・レーニンの登場である。暴力革命による労働者の政権を目指す運動は「マルクス・レーニン主義」と呼ばれるようになり、現に一九一七年のロシア革命によって暴力革命が成功し、社会主義・共産主義の政権が誕生したのである。その後この運動は、東欧、中国、キューバ、東南アジアのいくつかの国で成功したことは歴史の教える通りである。

2　オットー・フォン・ビスマルク

ビスマルクの生い立ちと若い頃

オットー・フォン・ビスマルク（一八一五〜一八九八）は、父・フェルノナンドと母・ヴィルヘルミーネの次男として生まれた。プロイセンという王国の中であり、父の家系はユンカーと称されるドイツの貴族、地主だったので、育ちは恵まれた環境の下にあった。しかし母の家系は代々学者であるとともに、プロイセン王国の官僚でもあった。父の家系の伝統的な農村地域における田舎貴族と、母の家系の市民的な都市地域における官僚体質という異質な組み合わせの下に、オットーは誕生して育てられたのである。ビスマルクの性格はこの異質な両親の血を受けたのか、複雑な性格の持ち主だったとされている。ビスマルクの人生については、飯田（二〇一五）と大内（二〇一四）を参考にした。

彼の大人になってからの仕事としても、プロイセン王国、あるいはドイツ帝国の宰相のとき、鉄血宰相と称されるように強硬でタカ派的な軍事・外交政策を行う一方で、労働者・国民のために社会保険制度を導入するというハト派的な政策をも行ったのであり、対照的な二面性を示したのである。これもビスマルクの複雑な性格からの発想とみなす意見が主流であるが、筆者の判断は少し異なっていて、背後には政治家一流のしたたかさがあった、との解釈である。これについては後に詳述する。

母は子どもの教育には熱心で、夫のような田舎ユンカーになるよりも、オットーにはもっと知的な仕事、例えば官僚になることを希望していた。幼児教育は厳格な寄宿学校に送り込まれ、一二歳から一七歳までをベルリンのギムナジウムで学び、アビトゥーア（大学入学資格試験）に合格するとゲッティンゲン大学に入学し、一年後にベルリン大学に移る。当時のドイツの大学では学生が大学を移ることはごく当たり前であった。

オットーは母親の希望通り、官僚になることを目指し、官吏試験に合格して役人になる。しかし官吏の仕事をしているとき、彼のいくつかの恋愛事件の痛みや役人としての勤務状況も良くなかったことにより、役人をやめて田舎ユンカーに戻ることを決意した。しかしユンカーの生活に満足するビスマルクではなく、やがて一八四七年に州議会の議員として政治家のスタートを切る。当時のプロイセンには憲法もなく、公式な全国議会も存在しないところの、前近代的な身分制議会にすぎなかったが、とにもかくにも政治家としてのビスマルクが始まった。

同時に三二歳になっていたビスマルクは妻・ヨハネと結婚する。きわめて信仰深くかつ控え目な女性だったので、ビスマルクの家庭生活は平穏なものであった。破天荒な性格のオットーとは対称的だったので、補完関係にあったことが幸いだったのであろう。

プロイセン州議会の議員だった頃の一八四八年三月、ベルリンで三月革命が起こった。マルクスを論じたときにも言及した三月革命であるが、この革命は前月にパリで起きた二月革命の余波が、ヨーロッパの諸都市に波及したものであった。市民と労働者の蜂起によるものであり、王国の打破、民主制議会主義の創立などを要求したのである。隣国オーストリアのウィーンでも三月革命があり、有名な宰相・メッテルニヒが失脚し、憲法の制定がなされた。

ベルリンではどうであったかといえば、国王に立憲化を約束させたし、ドイツにおいて立憲下による統一国家、そして連邦国家の要求がなされた。しかしビスマルクなどの強硬保守派はこれに対抗して、反革命の動きをとったのである。基本的にプロイセンにおいてもフランスやオーストリアと同様に反革命側の勝利となったが、プロイセン憲法は発布されたし、議会が整備されて男子による普通選挙で議員が選ばれるようになったので、多少の進歩はあった。

革命、反革命の動きが交錯したドイツにおいて、もう一つの懸案事項があった。それはドイツが小国に分立していて、非常に弱いドイツ連邦という連合組織があったが、それをもっと強固にしようとする考えがあった。その際に、オーストリアまで含めた大きな連邦国家にするといった「大ドイツ主義」と、プロイセンを中心にして近隣諸国を統一するという「小ドイツ主義」の二つがあった。ビスマルクはこれに関しては「小ドイツ主義」の考えを採用して、強国プロイセンを中心にした小さな連邦国家を理想としていた。そして後の一八七一年のウィルヘルム一世下のドイツ帝国の誕生においては、オーストリアを排除して、プロイセン王国を盟主とした小ドイツ主義を成就させるのである。

ドイツ帝国の設立の前には、ビスマルクは外交官生活をしばらくして、世界状勢の中でのプロイセン、ドイツの立場を考えることのできる経験をした。さらに、プロイセン王国のウィルヘルム一世王の下で四七歳のときの一八六二年に宰相の地位にも就くという、政治権力を掌握できる立場になっていた。国王への忠誠と保守強硬派政策の実行というのがビスマルクの政治スタンスであった。

ドイツ帝国宰相・ビスマルク

ビスマルクがプロイセン宰相のときに、プロイセンはいろいろな国と戦争をして自国の地位を上げることに成功した。オーストリアと組んでデンマークと闘ったドイツ・デンマーク戦争、オーストリアと闘った普墺戦争、フランスと闘った普仏戦争などがあり、勝利を続けたのであった。これらの勝利は確実にプロイセンがヨーロッパ内の強国として君臨することにつながったし、ビスマルク自身の政治家としての地位を大いに高めたのであった。その帰結が、一八七一年のドイツ帝国誕生下の宰相に就任したビスマルクだったのである。ビスマルク五六歳のことであった。強大国プロイセン王国のウィルヘルム一世が帝国の皇帝に、プロイセンの宰相であったビスマルクが帝国の宰相に、というのは自然な姿であった。一八九〇年に退任するまでのおよそ二〇年間、正に強い勢力のあるドイツ帝国の舵取りをしたのであるから、ビスマルクは国内的にも世界的にも非常に重要な政治家だったのである。

ドイツ帝国は連邦国家に衣替えしたのであり、連邦で担当する分野は経済、交通、軍事、外交の分野であって、他の分野はそれぞれの各邦に任されたのである。連邦では参議院と帝国議会の二院制を敷いていたし、各邦においても議会を有していた。ビスマルクは自己の政策で不利な法律を通させないように、諸邦政府の代表から成る連邦参議院に拒否権を与えたりした。もう一つビスマルクに特有な制度は、議院内閣制をとらずに宰相を皇帝の任命制にして、行政を帝国のやりたいようにできる制度にしたことであった。

ビスマルク

産業革命と社会主義弾圧

ビスマルクの政治・外交・戦争に関することの詳細は他書に譲り、ここでは経済のことと社会保険のことに特化したい。

一八世紀から一九世紀にかけて世界で最初

の産業革命を起こしたイギリスは、資本主義が発展し世界に冠たる大英帝国へと向かった。産業革命はドイツやフランスにも波及し、一九世紀の半ばドイツもそれを経験して急速に工業化が進んだ。ルール地域における石炭採掘業とアルザス＝ロレーヌ地域の鉄鉱産出が結びついて、まずは鉄鋼業が発展し、蒸気機関の発明による機械化が工業全体を発展させた。鉄道、自動車、兵器、化学などの産業が隆盛したのであり、これらの産業で働く労働者の数は激増したのである。

ドイツの資本主義の発展は、次の二つの事象を生んだ。第一は、過酷な労働が労働者に要求され、労働者の長時間労働や安い賃金という生活に多大な苦痛を与えた。女性や児童も労働に徴用されることとなった。特に児童の労働は教育の妨げになるし、身体発育上にも害があった。労働者側からの労働条件の向上を求める運動が高まることは、自然な動きであった。

第二に、一八四八年にカール・マルクスとフリードリヒ・エンゲルスによる『共産党宣言』が出されたことは既に述べたが、マルクス主義による社会主義運動の誕生と進展があった。その後徐々にこの思想は労働運動の中で影響をもち始めた。例えば一八六三年には社会主義ラサール派の始祖にあたるフェルディナント・ラサールは「全ドイツ労働者協会」を設立して、労働者の政治的代表権を求めた。一方、一八六九年にはヴィルヘルム・リープクネヒトとアウグスト・ベーベルが「社会民主労働者党」を設立し、アイゼナハ派と称されて、民主化と議会主義政治の確立を要求した。この労働者協会と労働者党は一八七五年に合併して、ゴータ合同と呼ばれて「ドイツ社会主義労働党」となった。ちなみにこの政党は現代におけるドイツ社会民主党（ＳＰＤ）の前身である。この党が労働運動をリードするようになり、ビスマルクなどは脅威を感じるようになる。

保守勢力の指導者たるビスマルクは社会主義勢力の台頭を防ぐべく、いろいろな手段をとるようになった。例えば出版法や結社法を制定して、社会主義運動を抑圧する行動に出た。一方で社会主義側も一部が過激な行動に出て、皇帝暗殺未遂事件を起こしたりしたので、民衆の支持を失うこともあった。こういう民衆の支持を受けた自由主義の政党・国民自由党の賛成を得て、ビスマルクは一八七八年に「社会主義者取締法」(別の著作では社会主義者鎮圧法とも訳されている)を制定したのである。出版や集会の規制はもとより、社会主義系の組織を解散するという強硬な政策を実施したのである。このような強硬な社会主義勢力への弾圧政策にもかかわらず、勢力の抑制には成功せず、むしろこれらの政党は議員数を増加させたのである。国民の意向は資本主義の悪い点を重視し始めていたし、保守党勢力の弾圧政策をも容認しなくなったのである。そこでビスマルクは次の一手を打つことになる。

ビスマルク「三部作」への途

それが社会保険制度の導入である。何とか社会主義に走る人々を自分たちの方に引き寄せたいという懐柔策である。ビスマルクは一八八〇年代に有名な三部作、すなわち一八八三年の医療保険、八四年の労災保険、八九年の年金保険という、いわゆる社会保険制度を作成する。ビスマルクによる社会保険制度は他のどの国にも先駆けて作られたので、表3-1の示すように他の諸国に与えた影響も大きかった。第4章で述べるように、一九一一年のイギリスにおけるロイド・ジョージ大蔵大臣による

表3-1　ヨーロッパにおける最重要社会保険立法年次

	労働災害保険		疾病保険		老齢年金保険		失業保険	
	雇主責任	強制保険	任意保険	強制保険	任意保険	強制保険	任意保険	強制保険
オーストリア		1887年		1888年		1906年 (被雇用者) 1927年 (労働者)		1920年
ベルギー	1903年		1894年	1944年	1900年	1924年	1907年	1944年
デンマーク	1898年	1916年	1892年	1933年 (半強制的)		1891年 (国民年金) 1922年 (同上修正) 1933年 (廃疾・老齢保険)	1907年	
フィンランド		1895年 1917年		1963年		1937年	1917年	
フランス	1898年	1946年		1930年		1910年 1930年		1914年 (失業扶助) 1959年 (団体協約) 1967年
ドイツ		1884年		1883年		1889年		1927年
イタリア		1898年	1886年	1928年 (団体協約) 1943年	1898年	1919年		1919年
オランダ		1901年 1921年		1913年 1929年		1913年	1916年	1949年
ノルウェー		1894年		1909年		1936年	1906年	1938年
スウェーデン	1901年	1916年	1891年 1910年			1913年	1934年	
スイス		1911年	1911年			1946年	1924年	
イギリス	1906年	1946年		1911年 1946年		1908年 (国民年金) 1925年		1911年 1920年

出所：Flora, P. and Alber, J. "Modernization, Democratization, and the Development of Welfare States in Western Europe," Flora, P. and Heidenheimer, A. J. eds., *The Development of Welfare States in Europe and America,* New Brunswick and London, 1981, p. 59.

「国民保険法」も、彼自らプロイセンに赴いて調査した結果で作られたものである。とはいえ、ビスマルク「三部作」として有名な社会保険制度は、一夜にしてできたのではなく、以前に存在していた非常に素朴な制度の発展なのである。

ではどのような制度が準備されていたのであろうか。第一に、一八五四年のプロイセンにおける「救済金庫法」では、疾病保険制度がつくられて、企業の負担が義務づけられた。現代の社会保険制度の保険料負担はほとんどの国で企業負担と労働負担の双方でなされているが、一九世紀半ばのドイツにおいてそれが始められたのである。

第二に、一六世紀に起源をもつ「坑夫金庫」が労働災害時の補償として支給されていたが、一八五四年にこの「坑夫金庫」の結成をより強化する法律を制定した。危険を伴う労働に対して、労働災害時に備えた保険制度が鉱山のみならず広範囲の産業・製錬所・製塩所などにも拡張されたのである。一八五四年の「坑夫金庫法」にあっては、企業とともに労働者も保険料の負担が強制されていた。しかしその後の一八八四年におけるビスマルクによる労働災害保険法では、保険料負担は全額企業側となったので、現代の労災の負担方式と同じであり、この点でもビスマルク改革が現代の社会保険制度の起源とみなせる理由の一つがある。

労働災害については、一八七一年に「雇用者賠償責任法」が新しく制定されていて、各業種別に労働災害に対する雇用主の責任を明確にしたことを述べておこう。つまり、鉱山、工場、鉄道などで災害が発生したとき、誰に責任があるかを明確にしたのである。

第三に、ここで述べた種々の福祉は、実は大企業が率先して導入したものであった。有名なものとして、鉄鋼、鉄道、軍需産業で有名なクルップ社は、疾病者に対する疾病金庫・年金金庫などを独自に用意していたのである。他の大企業もそれに追随するようになった。このように大企業のいくつかが、ビスマルク以前に既に企業独自の福祉制度をもっていたことは、福祉制度の前史として強調されてよい。それらが既に存在していたことで、ビスマルクはこれを他の企業にも拡張する政策をとり、スムーズに制度化されやすかったのである。

ビスマルク「三部作」の評価

現代における社会保険制度の起源であるビスマルクの「三部作」をどう評価するかは、大きな論争点となっている。ここでの記述は主として橘木（二〇一〇）に依存する。

ビスマルクによる社会保険制度に対する一般的な評価は、「飴（アメ）」と「鞭（ムチ）」というものである。簡単に言えば、労働者の保護を図ることによって生活上の安心を与えるアメと、その見返りとして勤労に励んでほしいというムチ、という両方の顔がある。さらに、一八七八年の「社会主義者取締法」で象徴されるように、労働者が社会主義者への道に走ることを阻止する目的も同時にもっていたのである。

具体的にアメかムチかの論争に入る前に、ビスマルクによる社会保険制度自体の特色を簡単に述べておこう。第一に、保険料の負担と給付が労働者の賃金に応じて決められているので、いわゆる比例拠出・比例給付制であって、イギリスにおける一九一一年の「国民保険法」や一九四二年の「ベヴァリッジ報告」のような均一拠出・均一給付ではないということである。賃金・所得の高低に応じて負担と給付の額が異なったのである。

第二に、ビスマルクによる社会保険は工場労働者を中心にして制定されたものであった。農業従事者、家内工業者、商人、家事労働者が加入するのは、一九一一年の「帝国保険法」であり、ホワイト・カラーという職員層が社会保険制度に加入するのは、同じく一九一一年の「職員向け年金・遺族保険」まで待たねばならなかった。すなわち国民全員参加の保険制度は相当先になってからのことである。

第三に、一九一一年にはイギリスで失業保険制度が設けられたが、ドイツでは、失業保険の導入は一九二七年まで待たねばならなかった。ドイツではそれまでは、失業者の所得保障がゲマインデ（地方自治体）による救貧的な公的扶助でなされていたのである。ドイツの社会民主党は政府に対して失業保険の創設を要望したが、政府はそれを長い間認めず、やっと一九二七年になって失業保険が開設されたにすぎないのである。

ここでドイツの社会保険制度がアメか、それともムチであるかを論じてみよう。一般的にはアメとムチの二つの顔をもつと理解されているが、論者によってはアメの側面を強調する人もいるし、逆にムチの側面を強調する人もいる。アメの側面からすると、労働者の労働と生活を保護し安全をもたらすものであるから好ましいとみなすことが可能である。このことからビスマルクの社会保険体系は、国営の強制保険による一種の国家社会主義の到達とみなす意見もある。

でもこの見方には矛盾もある。なぜならばドイツ社会主義労働党（後の社会民主党）はビスマルクの社会保険立法に断固反対の態度をとっていたからである。労働者の労働条件をよくし、かつ生活水準を好ましくするのであれば、本来ならば労働者の政党であれば社会保険の立法に反対することはないのである。なぜ反対したかと言えば、ビスマルクが一八七八年に「社会主義者取締法」で社会主義を非合法化したので、政治的な対抗上で社会保険法にまで反対したのである。

しかし小椰（二〇〇四）が指摘するように、労働組合や政党の幹部と異なり、一般の労働者は自分たちの労働条件がよくなり、生活保障が確保されるのなら、社会保険法の立法に賛成する人が多かったのである。その証拠に一八九〇年に「社会主義者取締法」が失効して社会民主党が合法化されると、政党は政府による一連の社会保険法の支持にまわる。そして一九一一年の帝国保険法には賛成行動をとるのである。

さらに政治との関連で言えば、社会民主党は一八九〇年に合法化されてから数年後にはマルクス主義や社会主義革命路線から決別して穏健な政党となる。ついでながら一八九〇年はビスマルクが宰相を辞した年でもある。その結果国民からの支持も増加して、一九一二年の帝国議会選挙までは約三分の一の投票を獲得するに至る。すなわち民衆からの支持を得るようになったのである。

別の見方もある。それは「三部作」という上から半分押しつけの官僚的な社会保険法が成立する以前に、既に述べたように労働者による自主的な救助制度が準備されていたのであるが、政府や雇用主が法律を盾に自分たちの都合のよいように労働者を管理する手段として、社会保険制度を利用する行動に出た。換言すれば、自主的な互助組織の方が労働者にとっては利益が大きかったのに、法律を制定することによって、雇用主が労働者を管理しやすく、かつ抑圧することが可能となった、という見方である。

そのことを裏づける証拠として、誰がビスマルクの社会保険法を支持したかを知ることによってそれがわかる。小椰（二〇〇四）がいみじくも指摘するように、重工業、綿工業、機械工業といった大企業経営者が支持者だったのである。労働力の調達、勤労意欲の維持、労務管理上の困難さを和らげる、といった労使関係の諸問題を経営側の都合のよいように仕向けてくれるのが、社会保険法だったのである。これを「経営社会政策」と呼ぶことが可能である。

このことを理解するには、日本の大企業における恵まれた企業福祉を考えるとよりわかりやすい。恵まれた福祉制度があれば、そこで働く労働者の勤労意欲は高くなるし、優秀な労働者を雇用できる上に、離職率も低くなるというメリットがある。経営にとって役立つのが福祉制度の役割という考え方である。ビスマルクによる「三部作」も恵まれた福祉を労働者に提供するという役割があるので、ドイツ帝国の大企業もそのメリットを評価するがためにビスマルクの支持者となったのである。

もう一つの理由は、ドイツ大企業の重工業においては労働災害の発生率がかなり高く、多い労働災害に対して政府の労災保険によって救済してくれるのであれば、大企業自身が直接個々に負担することを緩和してくれるので、大企業にとっては労災保険の存在はありがたい制度ということになる。これも企業の経営政策上にとって、社会保険制度を支持する理由となるのである。

3　歴史学派と社会政策

歴史学派と講壇社会主義

ビスマルクの社会保険制度の創設、その評価を述べてきたが、背後のドイツにおける経済学や思想のことを知っておく必要がある。ドイツはマルクスとエンゲルスという偉大なマルクス経済学者を生んだが、ビスマルク時代前後のドイツにあっては、むしろ歴史学派の経済学の方が大きな役割を演じたので、この学派のことを述べておこう。自由な経済活動を重視した先進資本主義国イギリスを中心とした古典派経済学と異なり、歴史学派は後進資本主義国ドイツの状況を反映している。主とした経済学者はA・H・ミューラー、F・リスト、W・G・ロッシャーなどであるが、彼たちの議論は経済の発展は歴史の発展と無縁ではないとする。すなわち、原始時代、牧畜中心、農業中心、工業中心、商業中心というように発展の段階を経るものと考えた。そして時代が進むにつれて国家の役割が大きくなると考えた。そうでないと経済の発展はないと考えてよく、いわゆる国民国家論の提唱となる。

国家に関して言えば、イギリスの自由主義貿易論を排し、国家が関税をかけて自国産業の保護を行うことを容認したのである。ドイツで保護関税がどう導入されたかを述べてみると、一八七三年のウィーン証券取引所での大暴落を機に、ドイツは不況に入ったが、このときに外国との貿易競争に耐えるため、保護関税を導入したのである。ビスマルクは自国の農業と産業を守るため、保護主義に走ったのである。

一八七三年にドイツで社会政策学会が設立されたが、この時期あたりからの歴史学派を、それまでのミューラー、リスト、それにロッシャーなどによる旧歴史学派と対比させて、新歴史学派と呼ぶこともある。新歴史学派の学説を一言で要約するならば、資本主義経済が発展すれば、確かにマルクス主義が主張するように労働者の労働条件が悪くなることは避けられず、それを是正するには工場法による労働者保護や社会保険制度の整備による安心の賦与、生活の改善等の政策が必要と主張したのである。ここで重要なことは、必ずしもマルクス主義のような強硬な路線を支持せず、比較的穏健な改良主義を思想の核としていたところに特色があることである。

これらの思想・主義は自由主義経済を否定するも、過激な社会主義への道も否定することから、自由主義者からは大学の講壇から発せられる微温な社会主義という皮肉を込めて称される言葉として用いられた。一方で純粋な社会主義者からは、生ぬるい中途半端な改良主義にすぎないとして、これまた講壇社会主義と皮肉られることもあった。左右の両極端の思想・主義が並存するとき、その中庸をとる思想・主義はその両極端から、どちらつかずの曖昧で生ぬるい思想・主義として揶揄・批判されたと言ってもよい。でもこの講壇社会主義の思想・主義はこれまで具体的に述べてきたように、ビスマルクの社会保険三部作にかなり生かされているので、現実の社会・経済における制度の生成にも寄与していると言ってよい。

ブレンターノ

なお新歴史学派はその後三つの学派に分裂する。すなわち右派のＡ・ワグナー、中間派のＧ・シュモラー、左派のルヨ・ブレンターノである。三人ともに社会政策学会の有力なメンバーであったが、主義・主張の差が目立つようになって、三派の別行動をとるようになった。

ワグナーは自由主義とマルクス主義に反対して、保守主義の立場からキリスト教社会党を一八七八年に創設して、国家社会主義への道に歩む基礎をつくった。後のヒトラーが初期の頃は国家社会主義を信奉していたことを思い出してほしい。

中間派のシュモラーは経済学には倫理的な価値判断が必要と主張した。これは後にマックス・ウェーバーによる「価値自由」という思想から批判を受けたことは有名である。左派のブレンターノは労働組合運動の重要性を説いた。イギリスにおけるウェッブ夫妻に先立って、イギリス労働組合の歴史を研究するとともに、イギリス労働組合自体の功罪を分析した。日本の社会政策の先駆者・福田徳三はドイツ留学時、ブレンターノに師事したのである。

社会政策という学問

ドイツでは歴史学派や講壇社会主義などを含めた経済学者の集まりは、社会政策学会として結実していた。イギリスなどの経済学界と異なり、労働者のことを中心において研究する学問である。社会保険制度は労務管理上から役立つ制度であるとみなす思想が、社会政策という学問では有力な柱となっていた。当時のドイツでは経済学界の中で社会政策論は大きなウエイトを占めていた学問だったのであり、世界の社会科学という学問の歴史の中で、ドイツ社会政策という学問は大きな歴史的な意義があったのである。

もとよりこの学説に対しては反対論もあったわけで、恵まれた社会保険や労使関係は企業が利益を得るための手段として機能していたにすぎず、所詮資本家側の論理に基づくものだ、という解釈も提出されていた。労働者側は予想されたほどの利益を受けることなく、結局は資本家側の利益に寄与するものにすぎない、という反対論である。この反対論は伝統的なマルクス経済学の思想に立脚していた。

本国ドイツにあってもこのようなマルクス主義の立場から、ここで述べたような社会政策論に対する反対論は当然存在していた。ドイツ社会民主党勢力も当初は反対していたことは既に述べた。

一方でビスマルクによる社会保険法に反対していた、別の勢力にも注目する必要がある。大企業の重工業経営者は社会政策としての社会保険に賛成の立場であったが、別のタイプの経営者グループは反対論を展開した。それは自由主義経済を信奉する経営者と、中小企業の経営者である。

前者については説明を要しない。経営者はイデオロギーとして自由主義を信じるのであり、ビスマルクの法体系は、国家が社会主義のように社会保険制度を強要すると理解できるので、思想的立場からビスマルク政策を国家社会主義とみなして反対したのである。ビスマルク自身は思想的には決して社会主義者ではなく、むしろ反動的な保守主義者である。その証拠に、社会主義運動の隆盛を阻止するため、一八七八年の「社会主義者取締法」の成立に努力しているのである。経済自由主義を信奉する経営者からすると、ビスマルクの社会保険制度は国家の過剰な関与なので、国家社会主義のように映ると思い込んだのである。

中小企業の経営者がなぜ反対かと言えば、社会保険制度の導入は企業のコスト負担を高めるので、経営を苦しくするという観点から反対したのである。社会保険料は事業主負担を背負うので、中小企業にとっては負担増となるのである。さらに、大企業の重工業と異なって、社会保険制度から受けるメリットも小さかった。例えば労働災害の発生率は大企業より低かったし、労働者への福祉提供による利益（例えば優秀な人を雇用できるとか、離職率が低いというメリット）も大企業より小さかったので、福祉そのものへの関心が低かったのである。

第4章　ロイド・ジョージとチャーチル
――福祉においては政治家の役割が大きい

イギリスの社会保障、あるいは世界での社会保障を論じるときには、ベヴァリッジが真先に登場する人物である。ベヴァリッジは一九四二年に有名な『ベヴァリッジ報告』を公表して、福祉国家の基礎となる社会保障制度のあり方を提唱した。この報告書は後に社会保障制度のバイブルとも称されたように、影響力の非常に大きい文献だったので、取り上げられる機会が多かった。筆者も橘木（二〇一〇）で『ベヴァリッジ報告』を論じたことがあるので、ここではこの報告書の作成を依頼した政治家のチャーチル、そして政治家の中ではイギリスで最初に社会保険制度を導入したのがロイド・ジョージなので、この二人の政治家を論じてみたい。社会保障制度を社会に導入するということ、例えば法律の制定とか制度の創設という形で寄与するのは政治家なので、特に重要なこの二人を議論するものである。

1　デイビッド・ロイド・ジョージ

ロイド・ジョージの生い立ち

ロイド・ジョージ（一八六三～一九四五）はイングランドのマンチェスターで生まれたが、一歳半になる前に教師をしていた父親を亡くす。生活の基盤を求めて、母は子どもを連れてウェールズにいる叔父のところに移る。叔父も裕福ではなかったので経済的には苦労した。後になってロイド・ジョージは幼少の頃は貧乏であったことを政治家の売りとして使うこともあったが、真に貧乏であったかどうか真偽の程は定かではない。政治家というのは、幼少の頃に貧乏であれば、成功者として英雄視されることがある。日本では第9章での田中角栄がそうであるし、昔であれば豊臣秀吉もそうである。むしろロイド・ジョージにとっては叔父の非国教徒（すなわちイギリス国家特有の教会派ではない）であることと、政治における政党としては地主に抵抗する庶民の支持が強い自由党を好んでいたことの影響が強かったことの方が大切である。後の政治家としては自由党で活躍するし、ウェールズ愛に満ちた活動をしたことによって、幼児の頃の体験が生きているのである。

ロイド・ジョージは小学校を卒《お》えると、地元の弁護士事務所で見習いとして働きながら、ほぼ独学で法学を勉強して、二一歳のときに弁護士試験に合格し、弁護士となる。反地主、反貴族、反国教会、反保守党、反イングランドといったスローガンの下で、庶民の味方をする弁護士活動を展開した。同時に彼は新聞や雑誌に政治に関することで書いたり、政治演説などをして政治の世界に入るような姿勢をとっていた。結局ロイド・ジョージは自由党所属で選挙に出て当選し、国会議員になるのである。ここまでは主として水谷（一九九一）に負う。

政治家ロイド・ジョージ

若い時代の政治家としてのロイド・ジョージは、保守党所属の土地保有者や貴族への攻撃を緩めなかった。特に貴族的政治家を「スノッブ」と呼んで大衆受けをねらったし、政治家としてはむしろ宣伝が上手であった。

ロイド・ジョージ

まず最初の試練は、ロイド・ジョージのウェールズ教会が国教会からの独立を目指す運動から始まった。このあたりの事情は原田（一九一七）に依存する。本来ならば、イギリス国教会牧師の腐敗を糾弾する目的の一八九二年の「牧師懲戒法案」に賛成すべきなのであるが、この法案が国会を通ると、同じく腐敗していたウェールズ会派がイギリス国教会から独立できなくなるとして、ロイド・ジョージは自由党の党首であるグラッドストーンの法案に反対したのであった。さらに一八九三年にグラッドストーンの提出した「ウェールズ教会の独立」法案に関しても、あいまいな手法を批判して、グラッドストーンににらまれた。

さらに過激なロイド・ジョージは一八九七年に「ウェールズ自治法案」の提出を掲げるが、自由党内での評判も芳しくなかった。ウェールズ教会独立運動やウェールズを自治地区にする運動を熱心に行ったことへの不成功体験から、ウェールズ問題を政治の場での討論事項にしても全国的な関心なり支持を得られないと実感して、それ以降はウェールズ問題に深入りしないようになった。

次はボーア戦争という外交問題である。一八九九年から一九〇二年にかけて断続的な戦いのあったボーア戦争（イギリスとオランダ系現地人のボーア人が南アフリカの植民地化をめぐって争った戦争）に対して、若手議員のロイド・ジョージは反対論を展開した。親ボーア派としての雄弁さは注目の的となったりして、政界でも重鎮の地位を固めていくのであった。

エリート校であるパブリック・スクールやオックス・ブリッジ出身の貴族的趣味の政治をやろうとしていた政治家とは肌が合わず、ロイド・ジョージは新興実業家や新聞などのマスコミ界の人々との付き合いが多く、こういうジャーナリズムの世界を通じて世論を扇動するという術にも長じていた。

ウェールズ問題やボーア戦争問題、あるいは社会問題への対処において、ロイド・ジョージの採用した政治的立場は、既成権益を守ろうとする地主や貴族の多い保守党政治に対抗するものであり、庶民階層あるいは中流階層の思惑や希望を代弁するものであった。いわばイギリス内の階級対立が際立っていたところに、自由党を中心にして階級の下にいる人の生活水準や権益を拡大する政治姿勢とみなしてよい。しかし当時一定の勢力を有していたマルクス主義思想とは一線を画していたので、社会民主主義への傾倒と言ってよい。その結実が後に述べる大蔵大臣・ロイド・ジョージによる社会保険制度の導入である。

2　ウィンストン・チャーチル

ウィンストン・チャーチルの生い立ちと若い頃

ウィンストン・チャーチル（一八七四～一九六五）と既に紹介したロイド・ジョージの二人は、一九〇五年あたりから自由党の若くて改革派を代表する政治家として政界では注目される存在であった。後にチャーチルは保守党に移るが、チャーチルとロイド・ジョージの二人が急進的な改革派としてともに活躍した時代があるので、ここで若い頃のチャーチルを論じてみたい。特にロイド・ジョージが一九〇九年に大蔵大臣として、「大砲とバター」（大英帝国と社会政策）と俗称されることもある大幅な海軍増強と、本書が関心をもつ老齢年金基金の創設を目的として大型予算を提出したが、このときにもチャーチルはロイド・ジョージを助けたので、チャーチルも多少はイギリスの社会保険制度に寄与したと考えて、ここでチャーチルを論じる次第である。

チャーチルの出自はロイド・ジョージとはまったく異なる貴族の出身である。従ってチャーチルは本来ならば保守党に所属するのが自然であった。では後に保守党所属で首相になるチャーチルが、なぜ若い頃に自由党に所属していたかを探求する必要がある。当時の自由党は二人が急進的改革派と呼ばれていたとしても、それほど過激な改革思想をもっていた政党ではなく、中間階級の支持がある穏健な思想の政党だったからである。ウェッブ夫妻も自由党の政治家であったことを思い出しておこう。当時においては自由党よりもより左翼政党として、労働者階級の支持がある労働党の存在を認識しておきたい。

ウィンストン・チャーチル

ここでチャーチルの出自を簡単に述べておこう。チャーチルの一生は主として河合（一九七九）に負う。チャーチル家は何代も続く貴族の侯爵家である。大土地と大邸宅を歴代にわたって所有し続けた名門貴族育ちであった。そして貴族の伝統として代々が保守党の政治家、ないしその支持者であった。父・ランドルフもその伝統を引き継いで、保守党の政治家であったし、三七歳にして第二次ソールズベリー内閣の蔵相に抜擢されるという華々しい活躍で、将来の首相になる予想すらあった。

父・ランドルフの蔵相在任はわずか五カ月にすぎなかった。彼は減税と軍事費の削減という予算を考えていたが、内閣の中で賛成を得られず、簡単に大臣を辞するのである。本人は自分の実力の強さから閣議は自分の予算案を認めるだろうと予想していたが、見方が甘く首相も彼の辞表を簡単に受け入れた。ランドルフは一介の議員にすぎない立場になったが、その後発病して四五歳の若さで梅毒で死亡したのである。

ウィンストンの母・ジャネットはアメリカ人であった。美人とされた彼女の父は南北戦争後に暗躍したウォール街の投機業者であり、資産家になっていた、当時のアメリカ人の富豪は娘をイギリスの貴族に嫁がせる風潮があった。アメリカ人のお金持ちとヨーロッパ（特にイギリス人）の貴族という地位の組み合わせであった。一八七三年に父・ランドルフとジャネットは、ロシア皇太子がワイト島（イギリス南部のリゾート小島）で開いた船上舞踏会で知り合い、双方の一目惚れで三日後には婚約したのである。翌年の一八七四年の四月に二人はパリで結婚式を挙げ、一一月には長男・チャーチルが誕生したのである。

チャーチルは貴族の慣習に従い、パブリック・スクールに進学するが多くの子弟が通うイートン校ではなく、ハロー校に通う。勉強は得意ではなかったが、当時のエリート校は親の七光りで入学できたのである。勉強に熱心ではないので、多くのパブリック・スクールの生徒が目指すオックス・ブリッジではなく、チャーチルは陸軍士官学校に入学する。しかも二度も受験に失敗しているので、いわゆる学問は不得手だったことがわかる。政治家、あるいは首相になるには必ずしも勉強、学問に強い秀才でなくてもよいことが、チャーチルの例が示している。

陸軍士官学校を一三〇人中二〇番という好成績で卒業して、晴れて軽騎兵隊に任官できた。新任の将校としてのスタートであったが、その頃に父・ランドルフが亡くなっていたので、後を継ぐべく政治家になりたい希望を持ち始めたウィンストン・チャーチルであった。ここで特筆すべきことがある。

チャーチルは二〇歳代半ばまで軍人生活を送るが、従軍記者としてインド戦線にいたとき『マラカンド野戦軍物語』と題して処女作を出版したのである。この書物は未署名であったが、チャーチルに文筆家としての才能を自覚させた。インドに滞在中に小説『サヴローラ』やエジプトで参戦したときにも『河畔の戦争』を出版したりして、従軍しながらも戦記や小説を書くことのできたチャーチルの才能にはすごいものがあった。

さらにアフリカにおけるボーア戦争での従軍記事を『モーニング・ポスト』紙に連載し、それを出版したのである。これらの文筆活動が彼を有名にして多額の収入を得たし、戦場での冒険談も政治的な人気を高めたのである。よく知られているように、チャーチルは一九五三年にノーベル文学賞を受賞しているのであり、後の首相としての貢献のみならず、文筆家としても一流であったので、まれな才能の持ち主だったのである。

政治家チャーチルの若い頃

貴族出身という身分、先祖代々の政治家気質、イギリス帝国への信頼、新聞や本の出版による知名度上昇、そして一生を軍人として送ることへの嫌悪、などの理由が重なって、チャーチルは政治家への転身を決心した。そして一八九九年にマンチェスター近郊のオーダムから保守党候補として補欠選挙に立候補するも落選。しかし翌年の総選挙では当選して国会議員となる。

チャーチルの初陣と二回目の選挙のいきさつを知るにつけ、筆者にとって強く印象に残る点が二つあった。第一に、チャーチルは自己の生まれ育った地域から選挙に立ったのではなく、遠隔地からの立候補という点である。日本では世襲議員のほとんどが親なり親族の選挙区から立つのと大きな違いである。父・ランドルフとは異なる選挙区なので、地元での世襲を排除しているイギリスの選挙制度には好感がもてる。

第二に、もっと驚くことは、チャーチルがオーダムという産業革命以来の伝統を誇る繊維工業の地から出たことである。労働者階級が圧倒的に多い地域なので、保守党候補にとっては不利な選挙区と考えられるところにである。チャーチルはこの選挙を戦うに際して、労働者階級の生活維持を達成するために、社会政策の重要性を認識したと理解できる。必ずしも急進的な労働運動や過激な社会政策に賛同することはなかったが、政治家として労働者や低所得の人々を思いやる気持ちをもっていたと想像できる。

チャーチルの演説の一部に「イギリス帝国を維持するには、自由な人民、教育のある人民、食べることにこと欠かない人民、などが必要なので、われわれは社会政策で支持する」という引用が河合(一九七九)にある。これを筆者の言葉で代替すれば、「大砲とバター」の両方がイギリスにとって必要なことと解釈できる。貴族育ちでありながら社会政策の必要性を認識していたチャーチルであることが若い頃の言葉と文章からわかる。これは後に自由党に移ってから明確になるし、その後再び保守党に戻って首相の在任中に、ベヴァリッジに有名な社会保障に関する報告書を書かせたことでわかる。しかし貴族の影を捨てたのではなく、大英帝国の繁栄を願っていたことも事実であった。とにかく二五歳からの政治家生活がチャーチルに始まったのである。

転機が一九〇三年から〇四年に訪れた。当時のイギリスは関税問題を巡って国会内で対立があり、保護貿易派と自由貿易派が深刻な対立を続けていた。自由貿易派のチャーチルはこの機に保守党から自由党に移ることにしたのである。もとより保守党が完全な保護貿易派、自由党が一枚岩の自由貿易派ではなかったが、すなわち両党とも種々の考えをもつ人がいた。とにもかくにもチャーチルは自由貿易に賛成すべく、自由党に移ったのである。保守党内の内部対立によって保守党政権は政権を投げ出し、一九〇六年の総選挙で自由党は圧勝し、政権を担当することになる。この頃の政治の世界では、労働者を中心に構成されていた労働党が誕生した時代であったし、自由党と労働党は同盟関係にもあったので、社会改革あるいは社会政策は一気に政治課題に登場することとなった。

ここに至って自由党では既に実力者になっていた一一歳年長のロイド・ジョージとチャーチルは急接近するのである。もっと具体的にはチャーチルはロイド・ジョージを政治の指南役とみなすようになり、二人でイギリスの社会保険制度の導入と充実に向けて突っ走るのである。この頃チャーチルは有名なローントリー（一九〇一）による貧困の実態報告に接して感銘を受け、低所得者・貧困者・下層労働者の人々の生活水準を上昇させる政策の必要性を認識したのである。ローントリーの貧困研究に関しては、例えば橘木・浦川（二〇〇六）を参照されたい。

3　ロイド・ジョージの社会保険制度

チャーチルが保守党から自由党に鞍替えした頃、当時のイギリス政界の主要三大政党は、地主や経営者の支持を中心とした保守党、中産階級の支持を中心にした自由党、労働者階級の支持を中心にした労働党、であった。お互いに政治勢力をめぐって熾烈な争いをしており、提出された法案をめぐって離合集散の状況にあった。チャーチルの保守党から自由党への鞍替えもその一環にあった。しかし重要なことは、自由党で既に有力者になっていたロイド・ジョージと若いが政界での暴れん坊になっていたチャーチルの二人が、自由党において指導者として振る舞うことができる時代になっていたのである。

一九〇五年一二月に保守党内閣から自由党のヘンリー・キャンベル＝バナマン内閣に替わり、ロイド・ジョージは四三歳で通商大臣（商務大臣と呼ばれることもある）として入閣した。大臣の中ではもっとも若い年齢の抜擢であった。彼の大臣としての仕事は、一九〇八年四月に誕生したハーバート・アスキス首相の下で大蔵大臣に就任してからの方が重要である。なおアスキス首相はその後およそ八年間にわたって在任したので、イギリス政界では重要な人物である。苦学生のオックスフォード大出身のエリートであるが、幼少の頃の底辺生活が影響したのか、保守党員にならず自由党を選択していた。ロイド・ジョージが通商大臣から大蔵大臣に転進した後の通商大臣にはチャーチルが就任したのである。なんとチャーチル三三歳の若さであった。アスキス内閣はロイド・ジョージとチャーチルという急進派の重要閣僚の仕事の下で、いろいろな政策を実行できたのである。

ロイド・ジョージとチャーチルという二人の急進派は、アスキス内閣の成立後すぐの政策をめぐって、激しい対立の中に巻き込まれた。軍事派や外交派は世界状勢が不安になる中、イギリス海軍を増強してドイツなどの強国に対抗する策を主張したが、ロイド・ジョージとチャーチルは軍事拡大よりも社会保険制度の充実を優先すべきとして対立した。現代風に語れば、自由党の中でもタカ派とハト派の対立が当時に存在していたのである。前者には保守党が賛意を示し、後者には労働党が賛意を示したのは自然なことであった。

ここで強調しておきたいことは、ロイド・ジョージの主張は当然としても、若い頃のチャーチルはロイド・ジョージに非常に近い社会政策派だったことを記憶してほしいということである。後にチャーチルは再び保守党に戻って、第二次世界大戦の前後には軍事を重視する帝国派に属するのである。もっともロイド・ジョージも第一次世界大戦期には軍拡路線を走ったのである。二人の政治家ともに、世界大戦の中でイギリスの敗戦だけは避けたいという愛国心から、やむをえずの軍事優先派だったと理解しておこう。

話題を戻して、大蔵大臣としてのロイド・ジョージの仕事のうち、もっとも重要なものはイギリスにおいて最初に社会保険制度を導入したことである。これは本書での主要話題でもあるので、詳しく検討したい。印象的なことは、一九〇八年にロイド・ジョージはプロイセンに自ら出向いて、プロイ

表4-1 福祉国家の先駆者——主要な福祉国家プログラムの最初の導入（年次）

	第1	第2	第3
労働者災害保険	ドイツ（1871年）	スイス（1881年）	オーストリア（1887年）
健康保険	ドイツ（1883年）	イタリア（1886年）	オーストリア（1888年）
老齢年金	ドイツ（1889年）	デンマーク（1891年）	フランス（1895年）
失業保険	フランス（1905年）	ノルウェー（1906年）	デンマーク（1907年）
家族手当	オーストリア（1921年）	ニュージーランド（1926年）	ベルギー（1930年）
男子普通選挙権	フランス（1848年）	スイス（1848年）	デンマーク（1849年）
男女普通選挙権	ニュージーランド（1893年）	オーストラリア（1902年）	フィンランド（1907年）

出所：Flora, P. "State, Economy and Society", Flora, P. and Heidenheimer, A. J. eds., *The Development of Welfare States in Europe and America,* London: Transaction Books, 1981, p. 454. Dixon, J. and Scheurell, R. P. eds., *Social Welfare in Developed Market Countries,* London: Routledge and Kegan Paul, 1989.

センの社会保険制度の視察・調査を行ったのである。第3章で詳しく述べたことであるが、一八八〇年代にドイツ・プロイセンでは鉄血宰相・ビスマルクによって社会保険制度が既に導入されていたのであり、ロイド・ジョージにはそれを自ら学ぼうとする熱心さがあった。

ここでドイツ・プロイセンがいかに社会保険制度において先駆的な国であったかを、表4-1で確認しておこう。表はいくつかの社会保険制度に関して、それぞれの制度をどの国が最初に導入し、二番目、三番目の導入はどの国であったかを示したものである。これによると、労災保険・健康保険・老齢年金の諸制度に関して、ドイツ・プロイセンが最初の導入国であることがわかる。すなわち、ドイツが社会保険の先進国なのであり、ロイド・ジョージはこれを詳しく調査したいと希望したのである。ついでながらイギリスはこの表の中で一度も現れない国なので、当時は福祉の後進国であったことを強調しておこう。

ロイド・ジョージが一連の社会保険制度の導入を行うために、その布石となる政策を行ったことを知っておきたい。それは坂井（一九六七）、河合（一九七九）、水谷（一九九二）が詳しく記述しているように、一九〇九年に大蔵大臣として予算を作成・提出するとき、前哨的な試みをしていたのである。それは坂井と河合が「人民予算」と呼び、水谷は「民衆予算」と呼ぶものであり、庶民階級の利益になるような予算をロイド・ジョージは編成したのである。

具体的には、貧困を根絶するための予算の税収を確保するためとして、高所得者や高資産保有者から高い税金を徴収しようとした。すなわち、所得税の累進性強化、相続税率のアップ、土地課税制度の導入といった諸政策である。貴族や地主の支持の強い保守党の議員からの反対、一方で低所得者の多い労働者からの支持が強い労働党の議員からの賛成と、議会は大紛糾に陥ったこと当然であった。特に土地貴族の多い貴族院（上院）からの反対は強く、結局は貴族院で予算案は否決されてしまった。

そこでアスキス自由党内閣は一二月に議会の解散に打って出た。政府は「人民予算」ないし「民衆予算」の承認と、自分たちと波長の合わない貴族や地主を中心にした貴族院の権限縮小を選挙の争点にした。もう一つの争点はドイツの軍備増強策に備えるため、保守党がイギリス海軍の増強策を主張していた。予算案、貴族院の扱い、海軍増強問題、という複雑な三点セットが争点の選挙は、自由党が二七五、保守党が二七三、アイルランド国民党が八二、労働党が四二という議席数であった。アスキス自由党政権は保守党の大勢力を無視できずに海軍増強案を受け入れながら、「人民予算」の議会通過に成功した。すなわち貧困者ないし低所得者の経済状況を改善するための社会的合意をロイド・ジョージは獲得したと理解してよい。この「人民予算」と解散に関してはロイド・ジョージの活躍が目立ったのであり、自由党内あるいはイギリス政界の中で彼の地位はますます高まり、将来の首相の地位も見えてきたのである。なおアスキス首相は一九一〇年一一月にも解散総選挙に打って出たが、政治勢力は前回とほとんど変わらなかった。

4　イギリスの福祉制度と政治

イギリス社会保険制度

いよいよ本書の主要な話題、すなわち福祉の議論に入ろう。ロイド・ジョージはドイツ・プロイセンで生まれた社会保険制度の視察によって、イギリスにふさわしい社会保険制度の腹案をもっていた。政治の世界での社会政策の必要性認識の高まり、内務大臣という要職に就いていたチャーチルやアスキス首相の自由党内での強力な支援、などの好条件が重なり、ロイド・ジョージ大蔵大臣は一九一一年に国民健康法を成立させたのである。この法律は二部構成になっており、第一部は主としてロイド・ジョージがドイツ・プロイセンで学んだ疾病保険制度をモデルとした健康保険制度であった。健康保険制度は賃金労働者を対象としたものであった。保険料の負担割合は、労働者四、雇用主三、国家三というものであった。なお工場労働者の保険は政府の管理・運営であり、中産階級は民間保険会社の管理・運営であった。プロイセンは国家が主体、イギリスは国家と民間のすみわけ、という特色のあったことを強調しておきたい。

第二部は内務大臣のチャーチルが失業保険制度を実現したのである。特に記憶しておきたいことは、第二部の失業保険制度に関しては、後の「ベヴァリッジ報告」の執筆者であるベヴァリッジが政府内の官僚職にあって、チャーチルを大いに助けたことである。当時チャーチルは自己の政治団体として「リベラル・リフォーム」を主宰していたが、ベヴァリッジはこの組織の中の有力なメンバーとして、失業保険制度の策定に中心的な役割を果たしたのである。後にチャーチルは首相になるが、そのときにベヴァリッジに命じて一九四二年の有名な「ベヴァリッジ報告」を作成することになるのであり、二人の関係はここから始まっていることを認識しておきたい。

ウェッブ夫妻の失業保険制度の評価

ここでウェッブ夫妻に登場願おう。この失業保険法に対してはウェッブ夫妻が反対したし、国民保険法自体に対しても、ウェッブ夫妻の属するフェビアン協会が反対したのである。社会主義者であるウェッブ夫妻、そして彼たちの属する団体であるフェビアン協会が、なぜ社会保険制度に反対なのか、一見不思議な現象と思われる。労働者の利益を守ると考えられる社会保険制度に反対するのは、現代においては想像できないからである。

なぜウェッブ夫妻はベヴァリッジの強制的な失業保険に反対したのだろうか。ウェッブ夫妻は失業者への救済よりも、失業者を生まない、すなわち失業の発生を予防することがもっと重要なことと考えていた。ところでベヴァリッジは、失業は市場の摩擦から生じる一時的なものなので、市場、すなわち経済が回復すればすぐに再び雇用されると考えた。その一時的な失業している期間中に賃金支払いがないのは生活に困るので、働いていたときの賃金の一部を保険料として拠出し、失業したときにそれを失業給付として受領すればよい、と考えたのである。この思想が保険の原理に他ならないのであり、失業保険制度のメカニズムなのである。ベヴァリッジによると、働いているときと失業しているときの賃金の平準化が、失業保険ということになる。

このベヴァリッジの考え方に対して、保険は失業が発生したときのみに役立つのであり、失業の予防には役立たないと、考えたのである。むしろ保険制度が存在することによって、失業を必要以上に容易に発生させかねないことのデメリットを、ウェッブ夫妻は重要とみなしたのである。このことを現代経済学風に言えば、保険制度のもつモラル・ハザードの問題ということになる。失業保険に即して述べれば、失業保険による給付の保障があるので、企業は容易に労働者を解雇や一時帰休にすることがあるだろうし、労働者の方も安易に離職することがあるだろう、という解釈である。

現代においてもこの失業保険制度のもつモラル・ハザードを防ぐために、政府や企業の関係者は必死になって制度の運用・管理の改良に努めているのである。二〇世紀初頭の頃から、失業保険制度のもつモラル・ハザードがもう論議の対象になっていたことを知り、二一世紀に入った今でも人間社会は同じ問題に悩まされ続けていることを実感させられる。

特にウェッブ夫妻が好まなかったのは、保険加入が強制ということに関してであった。なぜなら強制による保険料の徴収は、税金と同じ性格を有することになり、税のもつ強制力は人々に不快な感情を抱かせるとして反対したのである。このことからウェッブ夫妻は、保険が強制でなく自発的に運営されるのであれば、まだ許容されると判断していたのである。

フェビアン協会の社会主義者たちが、健康保険や失業保険といった社会保険制度そのものに反対したのはなぜだろうか。シドニー・ウェッブの言葉に即せば、近藤（一九六二）によると、「賃金からの自動的なそして強制的な控除によって、拠出者が節約しようとする行動を否定し、かれらから深慮という性質を失わしめ、管理に対するなんらの責任も問わなくなり、将来の必要に対して現在の衝動を抑えるということもなくしてしまう」ということである。賃金の引き下げを許ろうとする経営側の態度が見え隠れするし、強制による税のような徴収方法のもつデメリットと、モラル・ハザードを起こさせうることがあると言っているのである。

さらに社会保険法は、財政的にも雇用主と国家、それに労働者に保険料や税という形での多大な負担を強いることになるので、関係者は巨額の負担に耐え切れなくなるとまで述べているのである。

このウェッブ夫妻とフェビアン協会の反対論を知ると、これが社会主義者の言葉かと耳を疑うのは筆者だけではあるまい。現代であれば企業経営者か新自由主義者の声と聞き間違えるほどである。経営者は社会保険料の事業主負担を嫌っているし、新自由主義者は小さな政府を好むことから、社会保険制度の規模は小さい方がよいと主張しているからである。

失業保険制度の客観的評価

一九一一年度にイギリスにおいて失業保険制度が導入されたが、表4－1によるとヨーロッパにおける最初の失業保険創設は一九〇五年のフランスなので、イギリスはヨーロッパの中でもそう遅れての創設ではない。しかしながらその制度の中身はまだまだ不十分なものだったのである。それは創設当初はどの制度においてもささやかなものからのスタートであり、イギリスの失業保険制度がみすぼらしかったことは当然のことと理解してよい。

とはいえ大沢（一九八六）によると、創設してからおよそ一〇年後の一九二〇年において、失業保険制度に加入していた人の数は人口の六〇％と報告されているので、かなりの充実度であったと理解してよい。そう判断する証拠として、百年後の現代の日本と比較してみよう。日本の失業保険制度（雇用保険制度と称される）においては、加入には労働時間の制限があって短時間労働者はなかなか加入できていない。およその推計として、日本の労働人口の五〇～六〇％しか失業保険制度に加入していないとされるので、逆の評価をすれば、イギリスのおよそ百年前ではかなりの充実度に達していたのである。従って、ここでは現代の日本の方が悪い充実度とみなしておこう。

失業給付の額は一週間に一五シリング、支給期間は最大で一五週間だったので、給付の規模としてはその程度は低かったと理解できる。なお旧一シリングとは一九七〇年頃において日本円にしておよそ五一円なので、一週間だと三五七円となる。もとより物価水準の変化があるので厳密な評価はできないが、失業給付だけで生活するのは困難だったと理解できる。

ここではウェッブ夫妻の失業への見方と、ベヴァリッジの見方の比較に関して、筆者の判断を示しておこう。ウェッブ夫妻の言うように、失業率がゼロであれば失業保険制度の存在すら必要ないので、ウェッブ夫妻の見方は正論である。しかし現実の経済を見れば失業者の存在をゼロにするのは不可能である。資本主義経済では景気循環の発生は避けられないので、不景気のときには必ず失業者が発生する。さらに現代でも言われることであるし、恐らく戦前にも存在していたと考えられるが、労働市場における需要と供給のミスマッチによる失業者は存在する。

従って、失業者の存在は不可避のことなので、失業者の生活を保障するためにも失業保険の意義は高い。しかしウェッブ夫妻が正しく指摘したように、モラル・ハザードによる過剰な失業者の発生を予防せねばならないし、できるだけ失業者の発生率を小さくする経済政策も必要である。

例えばイギリスの失業率の推移を調べると、一九二〇年代の失業率は一〇％前後であったが、一九三〇年代になると二〇％前後に達しているのである。このイギリス経済の不況は、産業革命を世界で最初に経験して経済の繁栄を誇っていたが、その後ドイツ、フランス、そしてしばらくしてからアメリカ経済が強くなってきて、大英帝国に影が見られるようになったことの反映である。そしてついには一九二〇年代から三〇年代にかけて、アメリカのウォール街における株暴落を契機にして、世界経済が大不況期に突入した結果でもある。

当時、すなわち一九一〇年代の経済学は失業をどうとらえていたのであろうか。アルフレッド・マーシャルの後を継いで、一九〇八年にケンブリッジ大学の教授に就任したA・C・ピグーの『失業の理論』がもっとも有名なので、それを要約しておこう。

ピグーによると、失業は二つの理由で発生する。第一は、労働需要が不足するとき、というもので、これにはほとんどの経済学者は反対しない。第二は、例えば最低賃金制度などが存在することによって、貨幣賃金はある水準以下より下がらないことがあるので、雇用主は一部の労働者を雇用できないことがあり、そこで失業者が生まれると主張する。この第二の点は、古典派経済学からすれば本来ならば賃金は市場メカニズムに応じて伸縮性があるので、労働供給を減少させるために、あるいは労働需要を増加させるために賃金は増減してよいのである。このように市場メカニズムがうまく作用すれば、労働需要と労働供給がうまくマッチして、失業者は存在しなくなるというのが、ピグーの古典派たる失業理論の骨子である。この市場メカニズムを信じる経済学者は現代でも数多く、新古典派経済学、あるいは市場原理主義者とも称される。

次に登場するのが、J・M・ケインズである。ケインジアン革命と称されるほどの斬新な学説を提唱した人であるし、マクロ経済学の創設者という顔をもっている。ここでは失業に限ってケインズを論じておこう。

J・M・ケインズ

ケインズは古典派経済学への攻撃から始める。まずは古典派のように価格や賃金はそう伸縮しないと考える。ピグーのように賃金が下降しないのは最低賃金制にあると考えずに、むしろ労働組合の力が強いことから、労使交渉において賃金が下がらないことに注目したことが大きい。賃金が下降しないという下方硬直性に関しては、その発生理由を何に求めるか、ピグーとケインズは異なっているが、両名とも賃金が下降しないことによって失業が発生するという見方は共通である。

もっと重要なケインズの理論は、家計消費、企業投資、政府支出、輸出入といった一国全体のマクロ経済の総計量の動向に注目する、いわゆるマクロ経済学から失業を説明する。総需要（＝家計消費＋企業投資＋政府支出＋〔輸出入差〕）が総供給より小さいときに、失業が発生すると考える。そして総需要が不足する一つの原因として家計消費の不足があるとみなした。

では家計消費や企業投資の不足をどのように補えばよいのか、ということに関しては、政府による減税や公共投資を主張する。同時に金融政策も提唱するが、財政政策の発動により重きをおく。景気循環対策、失業削減策として政府の役割を重視するのがケインズ経済学の核心である。ケインズの経済思想は既に述べたチャーチル、それにベヴァリッジなどの「リベラル・リフォーム」の思想の延長線にあると考えてよい。すなわち政府による適正な政策に期待するところが大だったのである。ケインズ経済学は不況の克服にある程度成功したのである。それは第6章におけるアメリカのフランクリン・ルーズベルト大統領による経済政策の説明によってなされる。

大蔵大臣、ロイド・ジョージによる社会保険制度の導入策をまとめてみよう。ここまでは主として健康保険と失業保険を論じたが、老齢年金については一言も述べなかった。実はこの両制度の導入以前の一九〇八年に、老齢年金法が成立していて、きわめて不十分ながらもある程度の年金制度は既に導入されていた。

なぜ不十分な制度であったかといえば、全労働者を対象としたものではなく、七〇歳以上が給付の対象であったことである。当時であれば七〇歳まで生きる人の数は少なかったことを知っておこう。しかも保険料拠出のなかった無拠出年金なので年金支給額は非常に低かったことは当然のことであった。本格的な拠出制年金で多くの支給対象者がいる制度になるには、「ベヴァリッジ報告」以後の改革を待たねばならなかった。しかしこれまでは老齢年金の影も形もなかったところへの最初の導入はたとえ不十分であっても評価されてよい。

年金、健康、失業と立て続けにイギリスで社会保険制度の導入を成功させたロイド・ジョージの功績である。彼がイギリスの社会保険制度の創設に大きく貢献したことは強調されてよい。イギリスにロイド・ジョージがいなければ社会保険制度は創設されなかった、とまでは言わない。誰かがその代役を務めたかもしれないからである。とはいえ彼の役割の重要性は歴史上で確実に名前が残っている。

それとチャーチルの協力も忘れてはならない。

ロイド・ジョージ首相とチャーチル首相

この二人は第一次世界大戦時（ロイド・ジョージ）と第二次世界大戦時（チャーチル）という戦争の時代という非常時に、首相を務めたのであり共通の特色を有している。非常時に指導力を発揮するようにと期待されたからこそ首相に推挙されたので、政治家として抜群の能力をもっていたと理解してよい。しかも二人ともイギリスを勝利に導いた首相なので、救世主あるいは英雄とみなされてもよいのである。本書の主たる関心は社会保障なので、戦争に巻き込まれた頃の二人を記述することは最小限に抑制した。一つだけ大切なことは、二人とも首相になる前に海軍や陸軍の大臣を経験しているので、かなり軍事のことについても習熟していたことは大きかったのである。

まずはロイド・ジョージであるが、自由党内でアスキス首相と対立するようになっていた彼に、一九一六年一二月に首相の役がまわってきた。既に第一次世界大戦中だったので、非常時の内閣である。自由党のアスキス派はロイド・ジョージを支持せず、むしろ政敵であった保守党からの支持を得たし、少数の労働党員からの支持もあるという、正に自由党、保守党、労働党による挙国一致内閣の下での首相、ロイド・ジョージであった。とはいえ基本は自由党と保守党の連立内閣であった。チャーチルは陸軍大臣として陸軍を指揮した。戦争は一九一七年のレーニンによる社会主義革命を見ながら、一九一八年にドイツ、オーストリア、オスマントルコなどの同盟国の敗戦と、イギリス、フランス、ロシアの連合国の勝利で終了した。この間ロイド・ジョージは六年間も首相の地位にいたし、終戦後の最大の仕事は、有名な戦後処理のヴェルサイユ条約の締結であった。

首相辞任の頃のロイド・ジョージは戦後処理の不手際もあって政治家としての地位は低下して、失意のうちに首相を辞任した。以後第一線で政治を行うことはなかったが、一つだけいい仕事をしたのでそれを書いておこう。それは既に述べた経済学者・ケインズの経済政策を支持して、公債発行による公共事業の実施によって、景気回復を計る政策に賛同したことである。残念ながらロイド・ジョージの自由党は政権担当ではなかったので、ケインズ政策の実施はしばらく待たねばならなかった。むしろケインズ政策はアメリカで成功したと言った方が正しいかもしれない。とはいえ、ロイド・ジョージにはケインズ政策の支持という先見の明があったことは強調されてよい。

次はチャーチルの首相への途である。第一次大戦後の一九二二年の選挙で自由党のチャーチルはなんと落選したのである。当時は自由党の没落とともに保守党が第一党で、野党第一党は労働党の時代になっていた。保守と革新の左右政党が勢力をもち、中間政党の自由党の退潮という時代だったのである。でもチャーチルの偉大な点は、落選中は書物の執筆に励んだことだ。大作『世界の危機』は第一次大戦の歴史物として出版したのである。なんと第一巻から第五巻にもわたる書物であり、後にノーベル文学賞を受賞する理由になるほどの大作であった。

決して政治家をあきらめないチャーチルは落選中に政治信条を変えた。それは労働党の躍進が目立つ時代になっており、内閣まで担当するようになっていた。チャーチルは社会主義への危機感を抱くようになり、自由党から保守党に鞍替えしたのである。このあたりの鞍替えの動機を筆者なりに解釈すれば、次のようになる。第一に、弱くなった自由党に居残っておれば政治家としての活躍の場が限られることを恐れた。第二に、ロシア革命の成功などをみていると、自由主義・民主主義を守る必要性を痛感した。第三に、貴族出身の彼としてはどうしても社会主義・共産主義を支持できないので、生まれ育った環境に忠実であろうとした。第四に、人間誰しも若い頃は血気盛んな進歩主義に染まるが、年を取ると保守思想に同調するようになる。

保守党→自由党→保守党への復帰後に一九二四年の選挙に当選した。実力政治家であったチャーチルに大蔵大臣の地位が与えられた。二〇年間も自由党員だったし、過去一三年間は軍事と外交に特化していたチャーチルに経済担当の蔵相はやや荷が重かった。チャーチル蔵相の仕事として目立つのは、金本位制への復活策であった。金本位制への復帰はポンドの一〇%切り上げを意味したので、イギリス製品の輸出にとって不利であった。さらに本来は自由貿易論者であるのにチャーチルは国内産業を守るための保護貿易策を採用した。また苦境にあった石炭業界を支援するため、労働者の賃金を切り下げする案を支持した。炭鉱組合はストまでして抵抗したが、チャーチルはこのストに敵対政策をとったのである。このような経済政策は、当時スターになっていた経済学者・ケインズの批判を受けたのであり、大蔵大臣・チャーチルの経済政策は失敗であった。

その後保守党政権が崩れ、労働党と保守党が政権交代を続けていった。チャーチルは一九三〇年代は政治の世界で重要な地位にいなかった。しかし一九三九年にドイツがポーランドに進攻し、イギリスは連合国という立場で一九三九年に参戦し、第二次世界大戦が始まってしまった。ついに挙党一致内閣を一九四〇年五月にチャーチルは組織することとなった。もう彼は六五歳になっていた。士官学校出身のチャーチルにとって、経済政策を企画、実行するより大戦を指揮することに不都合はなかったのではないだろうか。第二次大戦はアメリカの参戦もあって、イギリスを含む連合国側の勝利で終了した。チャーチルは勝利者として英雄視された。

チャーチルが首相時になした最大の業績は、軍事の面でのイギリスの勝利と外交面でのイギリスの立場を強くしたことにあるが、内政面では戦後の社会保障制度の策定に関して、その理論的基礎になる「ベヴァリッジ報告」を作成させたことにある。戦時中の一九四一年にこの委員会を立ち上げて、報告書を完成させたのである。

保守党政権の作成にもかかわらず、戦後の労働党政権のアトリー内閣は、この報告書の精神をかなりの程度踏襲してイギリス社会保障制度を完成させたのである。その精神の根幹はウェッブ夫妻によるナショナル・ミニマムであるし、チャーチル→ベヴァレッジ→アトリーという流れの下での社会保障制度であることを記憶しておきたい。

ここで挙げた五名の職業を表記すると、ウェッブ夫妻は学者・政治家、チャーチルは政治家、ベヴァリッジは官僚・学者（彼は名門・LSE（ロンドン経済大学）の学長になっていた）、アトリーは政治家である。政治家と学者の協同作業によって「ゆりかごから墓場まで」と称された福祉制度がつくられたと理解できる。思想なり理論を学者が提供し、それを政治家が実行に移すという協同作業が、理想の姿とみなせるし、イギリスはそれを見事に示したのである。

これに関して日本はどうであろうか。政治家は学者のことを頭が固いと馬鹿にするし、学者は政治家のことを頭が悪いとして無視する傾向がある。これでは好ましい制度改革はできない可能性が高い。

第5章　「ベヴァリッジ報告」をめぐって
――ゆりかごから墓場まで

1　ベヴァリッジ以前の歴史

「ベヴァリッジ報告」以前の福祉

「ベヴァリッジ報告」は戦後のイギリスは当然として、他の諸国での福祉政策の形成に絶大な影響力があったので、福祉の世界におけるバイブル（聖典）と呼ばれるほど価値の高い報告書である。そこでこの報告書がどのような経緯でもって作成されたのか、報告書の中身、そして与えた影響力、などについて記述しておこう。本書ではそれぞれの国の福祉を詳しく論じないが、イギリスを取り上げて福祉の歴史と現状を同時に評価しておこう。代表的な国の経験だけに参考になるところが大きいのがイギリスだからである。

イギリスの社会福祉に関しては救貧法が避けられない。救貧法というのはなんと一〇一〇年に起源を持つ法律なので、実に千年以上の歴史をもつものである。強調すべきことは、他のヨーロッパ諸国に先立ってイギリスが最初にこの法律をつくったのであるし、他の国では何世紀も経過してから後にやっと成立したか、あるいは一度も成立しなかった国もあるほどである。すなわち、イギリスは貧困者の救済という福祉政策にどの国にも先駆けて取り組んだという歴史を有する国なのである。後に「ゆりかごから墓場まで」という福祉国家にイギリスはなるが、それを達成する前史が救貧法で象徴されるように既に存在していたのである。

もっとも一〇一〇年に救貧法が制定されたと書いたが、別に明文で示された法律ではなく、国王の命令みたいなもので、教会が徴税する資金を財源にして、貧民に給付するという定めが実態であった。とはいえ中世の時代から貧困者を救済する発想がイギリスにあったことは特筆されてよい。キリスト教の博愛の精神の発露は当然あったろうが、他のヨーロッパ諸国もキリスト教国家だったところに、イギリスで最初に救貧対策の発生したことに価値がある。

一五七二年には有名なエリザベス救貧法の制定があり、一六〇一年にはそれの全面改定があって、この改定が現今の救貧法にまでつながる基本法とみなせる。この法律の特色は、①教区ごとに課税してそれを財源にして、働くことのできない「労働無能力者」を救済する義務がある。②働くことのできる「労働能力のある貧民」はできるだけ働くようにする。そこには強制労働もあった。③「労働無能力者」の親族には扶養義務があるとした。この三つの特色は、現代の福祉を考える際にも重要な論点となっていることを強調したい。

イギリスの救貧法の歴史において、記憶しておきたい事実がある。それはワークハウス（勤労場、あるいは懲役場）による強制労働である。貧困者の救済は絶対王政の下でも合意があったが、労働可能者に対しての救済措置の実行には「劣等処遇原則――すなわち被救助者が最下級の独立労働者と同等以上の処遇を受けてはならないこと」という原則があった。この原則を実現するために、ワークハウス制が設定された。この強制を行う勤労場での労働は監視の下で行われるので、先程述べた「劣等処遇原則」を徹底することが可能なのである。

救貧法はこれら低賃金の貧困労働者を救う目的として存在したが、貧困者が先に述べたワークハウスに収容できないほどの数に増加し、なんらかの措置が必要となった。一つの方法はワークハウスを増設することであったが、その政策は費用がかかりすぎて十分に機能せず、増加する貧困者を救済するための法律が、一七九五年のヤング法に基づくスピーナムランド制である。この制度は一八三四年の新救貧法の制度まで効力を持続したのである。低い賃金労働に対して賃金補助を支給する政策がスピーナムランド制である。具体的には、パン価格と家族人数を考慮することによって、世帯に必要な最低必要生活費を算定し、実際の所得がその算定額に満たない場合に、その差を支給するという案である。

労働者とその家族は、最低限生きていくだけの賃金を受領する権利があるということを公に認めるようになったのであり、このスピーナムランド制は今日でいう最低賃金制度の萌芽とみなしてよいのではないだろうか。一七九五年が最低賃金制度のスタートと解釈できるというのが筆者の見方である。

もう一つスピーナムランド制のもつ意義は、国民の最低必要生活費という、現代でいえば貧困線の算定を行って、それ以下の所得しかない人には公的扶助（日本では生活保護制度）を支給するという貧困救済制度の萌芽とみなすことが可能である。

繰り返し強調しておこう。スピーナムランド制は①最低賃金法、②貧困計測と貧困救済手当、の萌芽という歴史的な価値を有するのである。このような萌芽的な制度、すなわち生活できない人を社会で出さないようにする思想は、社会が人間の生存権なり労働権を保障する必要があるという考え方が普及してきたことを意味している。ここでも福祉におけるイギリスの先端性が理解できる。

しかしスピーナムランド制は、貧困者を怠惰にするので好ましくないとの批判が高まり、一八三四年の救貧法の改定により、かなり大幅に後退する。ここは現代でも生活保護制度は人々を怠惰にするので好ましくないという批判のあることを思い出してほしい。福祉が充実すると人々はそれにタダ乗りしようとするとの批判はこの時代からあったし、有名なイギリスのサッチャー首相も一九七〇年代に同じ批判をしていたのを思い出してほしい。いつの時代でも歴史は繰り返すのである。

一八世紀から一九世紀にかけての産業革命の進展はイギリス経済を強くすることに貢献したが、資本主義の宿命によって景気の悪化が起こることは避けられず、失業者が多く世の中にあふれる時代が一九世紀の後半に出現することとなった。失業問題の解決が要請される時代になったのである。

話題を救貧法に戻しておこう。保守党政府（バルフォア首相）は一九〇五年に王立委員会をつくって、救貧法をどう改正し、かつ失業や貧困をどう解決するかの審議を委託した。委員会自体は一九〇九年まで続いた。この委員会は歴史的に有名な委員会であり、特に委員二〇名の構成が関心を呼んだ。すなわち、「多数派」と「少数派」という対立があり、多数派はイギリス社会の支配階級・資本家階級の意向を代弁する人で占められ、少数派はフェビアン協会に代表されるようにそれに対抗する人で占められた。少数派の中で特に有名なメンバーは、第1章で既に述べた「ナショナル・ミニマム論」で有名なウェッブ夫妻の妻・ベアトリスである。

多数派と少数派の論争のいきさつを簡単にまとめれば次のようになる。多数派は貧困者のかなりの部分は自らの怠慢、すなわち自立心に欠けることから生じることなので、その人々を救済する程度は最低でよいか、あるいは不必要と考えた。一方少数派は、貧困者が発生するのは社会・経済体制が悪いことによるものなので、公費による扶助や事業を容認するものである。後者にはフェビアン社会主義の思想が色濃く反映されていることは言うまでもない。

もっとも印象深いことは、この多数派と少数派の対立は、二一世紀の現代においても生きている、ということに気がつくことである。およそ一世紀前に論議されたことが、現代における新自由主義とリベラリズム、あるいは小さな政府と大きな政府、自立依存型か公共政策依存型か、という対立とほぼ同じ図式で理解できるのである。

一九〇五〜〇九年の王立委員会は、一九〇九年に報告書を提出したが、両論併記で結論はなかった。むしろ現実の世界で影響をもったのは、少数派の人々の主張であり、救貧法自体の解体・廃棄の運動にまで発展し、その後の「ベヴァリッジ報告」につながる道を歩むのである。そのときに役割を果たなのである。

したのが少数派のメンバーだったベアトリス・ウェッブ、そして夫のシドニー・ウェッブなどの思想

「少数派報告」におけるベアトリスの失業観と対策

一八三四年の新救貧法の改定を目指した一九〇五～〇九年の王立委員会は、「多数派報告」と「少数派報告」の二部作になったが、ベアトリスの属した「少数派報告」の方が後の時代に残した影響は大きかった。特に一九世紀の後半から経済の強くなったドイツやアメリカの挑戦を受けて、イギリス資本主義の退潮が目立ち始め、大不況による失業者の増大があった。ベアトリスなどの少数派は失業問題の理解と対策に関して新しい考えを提案しているのである。

具体的にベアトリスは三つの政策を提唱する。すなわち失業の発生を予防したり最小の数に抑えるには、①職業紹介所の創設、②ナショナル・ミニマムの徹底、③政府支出による公共事業、の三つが主要な政策である。

①に関しては、求職者への情報提供によって雇用がスムーズになされることと、雇用がうまく進んでいるかの監視機能をもたせるのである。

②に関しては、ウェッブ夫妻の労使関係・社会保障に関する一つの大きな貢献が、この「ナショナル・ミニマム」にあるが、第1章で既に述べたので再述しない。

③の政府による公共事業によって失業者の数を減らす政策は、後になって経済学者・ケインズの主

張する財政・金融政策によるマクロ経済政策の「先駆け」と理解することも可能である。シドニーあるいはウェッブ夫妻による失業対策は、現代における対策においても生きているものがあるので価値の高い説であるが、当時のイギリスにおいては他の人々による主張、例えば代表的にはベヴァリッジと対立することもあった。

2 ベヴァリッジ報告への過程

ベヴァリッジの経歴

次項でウィリアム・ベヴァリッジ（一八七九～一九六三）が登場するので、彼の人生を簡単に振り返っておこう。ベヴァリッジについては小峯（二〇〇七）に負う。

ベヴァリッジは一八七九年にバングラディッシュで、父（法律家）と母（宗教家で学校の先生）の下で生まれた。オックスフォード大学で学んでから、最初は法律家として生きたが、その後イギリス行政府の役人に転じた。本書で論じたウェッブ夫妻に会ってから彼たちの影響を受けて、失業や福祉のことに関心をもつこととなった。本書で論じたウィンストン・チャーチルが通商大臣のときに、ベヴァリッジを失業や貧困を解決するための委員会での仕事に招いたのであった。この委員会においてウェッブ夫妻とベヴァリッジが対立したことは次の項で詳しく述べることである。

でも両者に対立はあったといえ、ベヴァリッジは一九〇九年に『失業論』という書物を世に出して

ベヴァリッジ

いたので学者として認められていたことも手伝って、一九一九年にフェビアン協会の肝いりで開校していたLSEに招聘された。一九三七年までこの学校の学長を務めたが、彼がフェビアン主義者だっただけにこの間に保守派の経済学者でライオネル・ロビンズなどと、いわゆる左右の対立といった争いがLSEにあったことは学界では有名である。ベヴァリッジの『失業論』は、役人を務めながらの本であったが、現代では言及されることはない。しかしベヴァリッジの名前が一つだけ残っている項目がある。それは「ベヴァリッジ・カーブ」と呼ばれるもので、現代のマクロ経済学あるいは労働経済学でよく使われる概念である。それは別名で「u―v・カーブ」とも呼ばれるもので、u（失業）とv（空席ないし欠員――働き手が埋まっていない仕事）の関係をカーブで示したものである。二次元のグラフで縦軸にu、横軸にvをとると、原点に対して凸で右下がりの曲線になるのである。自己の主張した言葉が名前で呼ばれるのはそう多くないので、これだけはベヴァリッジの功績として記憶しておきたい。

第二次世界大戦中の一九四一年にチャーチル首相は戦後の社会保障制度を構築するためとして、後に「ベヴァリッジ報告」として有名になる委員会のヘッドに、ベヴァリッジを考えた。この委員長職のオファーに対して、当初のベヴァリッジは乗り気ではなかった。むしろ彼のライフワークと考えていた失業問題や雇用の問題の仕事をしたいと思っていたからである。それほど乗り気でなかった委員会での成果が、後になって「ベヴァリッジ報告」として福祉における「聖典」にまでなったということは、人生には何が起こるかわからないということを私たちに教えている。「ベヴァリッジ報告」の中身については後に述べるのでそれを書かず、それ以外の分野における彼の人生について述べておこう。

ベヴァリッジのキャリアに話題を戻すと、彼は一九三七年にLSEを去るが、その一つの契機が彼の優生（人種改良）学信者であったから、という説を述べておこう。この学派は人類の質を高めるために、劣等な男女の交配を排除して優秀な男女の交配を奨励するという考え方をするのである。ナチスのドイツがそうだったので、危険思想とみなされかねない学派であり、優生学会のメンバーだったベヴァリッジはLSEを追われたとの説である。真偽まではわからない。LSEを去った彼はオックスフォード大学のユニバーシティ・カレッジの学長に転身したのである。ほんの一年間という短い期間（一九四四〜四五）ではあるが彼は国会議員になったこともある。

ウェッブ夫妻とベヴァリッジの対立

「ベヴァリッジ報告」の代表者ベヴァリッジは、一九一一年の国民保険法の制定において中心的な役割を演じた。後の第二次世界大戦時の首相になるウィンストン・チャーチルは「リベラル・リフォーム」という組織をもっていたが、失業保険法はこのリベラル・リフォームの下で、ベヴァリッジなどによって企画・制定されたのである。

この失業保険に対してはウェッブ夫妻が反対したし、国民保険法自体に対しても、ウェッブ夫妻の属するフェビアン協会が反対したことは既に述べた。ウェッブ夫妻は失業者への救済よりも、失業者を生まない、すなわち失業の発生を予防することがもっとも肝心なことと考えていた。しかし一方のベヴァリッジは、失業は市場の摩擦から生じる一時的なものなので、失業保険で対処すればよいと考えたのである。

ウェッブ夫妻とベヴァリッジとの対立に話題を戻せば、一九一一年の国民保険法におけるベヴァリッジの勝利、後の一九四二年における「ベヴァリッジ報告」に到達するなどで、これまたベヴァリッジがウェッブ夫妻に勝利したと表面的には解釈できる。しかし筆者はウェッブ夫妻の思想、例えばナショナル・ミニマムをはじめとするいくつかの思想は大きな歴史的意義をもっているし、後の労働党政権の大きな精神的支柱となっていることからも、たとえ当時の世界ではベヴァリッジの思想が主流であったとしても、ウェッブ夫妻の貢献には歴史上で評価すれば画期的なものがあったと判断している。

失業問題の深刻さと失業の経済学

一九二九年に救貧法の実務を担当する「保護委員会」の制度が廃止となったことで、ほぼ三〜四世紀にわたってイギリスの貧困救済策の中心的役割を演じてきた救貧法が終結したと認識できる。では救貧法に代替する制度は何だったのだろうか。それは失業保険に代表される社会保険である。救貧法による救済は基本的に公的扶助（税金を用いての支給）であったが、労働者から保険料を徴収してそれを財源にして失業給付を行うという社会保険制度が中心となるのである。一九一一年のロイド・ジョージによる国民保険法の成立を思い出してほしい。そのときに健康保険制度と失業保険制度がイギリスでも初めて導入されたのであるが、そのとき以来の失業保険制度がその役割を大きくしていくのである。

二〇世紀前半のイギリスにおける最大の経済問題は失業であった。この現実問題の深刻さに応えるために経済学の分野でも、経済学者がこぞって失業の発生要因や対策をめぐって、分析や議論を重ねた。それらのうちいくつかの代表的なものをピックアップして論じておこう。経済学史を語るとき、一九世紀から二〇世紀前半にかけてはイギリスの経済学界が他国の水準を一歩先んじていたので、イギリスの経済学をレビューすることには価値がある。特に失業の経済学に関してその感が強い。

経済学の理論分析からすると、ベヴァリッジによる一九〇九年の『失業論』よりも失業に関してはこれから述べるピグーやケインズの方が有名であるし、現代でもこの二人の学説に賛成するかしないかは別にして、主要な経済思想として残っているので、この二人をそれぞれ一言で再述しておこう。A・C・ピグーは、マクロ経済学者というよりも、現代では古典的な厚生経済学者として理解されているが、失業ということに関しては一九一三年の『失業の理論』である。彼の失業論の特色を一言で要約するなら、失業は価格機構がうまく機能していないときに発生するので、賃金や物価がうまく動

A・C・ピグー

くように「市場主義」を徹底させればよい、という新古典派経済学に忠実な思想である。次はＪ・Ｍ・ケインズである。あまりにも有名な経済学者である。政府が積極的に財政・金融政策によって有効需要を高めるといった政策介入のメリットを主張したと考えてよく、現にそれがいくつかの国で実践されたのである。後に述べるアメリカでの大恐慌の克服がその代表例である。

ケインズ自身は福祉や社会保障の分野で著作はほとんどないが、これから述べる「ベヴァリッジ報告」による福祉・社会保障制度の進展も政府の役割に大きく期待するので、この両人の名前をとって「ケインズ・ベヴァリッジ福祉国家体制」と呼ばれることもある。ケインズが一般的な政府のあり方を論じ、あるいはマクロ経済政策において政府の役割の重要さを提唱し、ベヴァリッジがその経済思想を福祉・社会保障の分野で応用して、福祉国家の基礎をつくったと言えるのである。

3　ベヴァリッジ報告とそれ以降

「ベヴァリッジ報告」

一九四一年の戦時中に保守党内閣の首相チャーチルは、戦後の社会保障のあり方を提案してもらうために、委員会をつくった。チャーチルの若い頃は自由党員であって、貧困や福祉のことに並々ならぬ関心の持主であったことを思い出してほしい。既に述べたように一九三〇年代のイギリスは高失業率に悩み、失業保険制度をどうするかが国民的課題だったので、失業保険法定委員会の議長を務めていたベヴァリッジに、委員長の白羽の矢が立てられたのは当然であった。ベヴァリッジが一九四二年に委員長という要職に指名された理由は、ベヴァリッジが官僚出身であったこと、ＬＳＥ学長という要職（一九一九～三七）を経験した学界人ということなどが影響した。委員会のメンバーは主として官僚で構成されたが、後世に残るようなバイブルとも言える報告書を官僚が書いたことは、当時のイギリス官僚の優秀さを知ることができる。しかしこの報告書の出版は、官僚は前面に出てこられないので署名に加わらず、ベヴァリッジ一人の個人名で出版されており、「ベヴァリッジ報告」として有名になるのである。

「ベヴァリッジ報告」に加えて、ベヴァリッジは一九四四年に『完全雇用白書』を出版して、雇用政策についても持論を展開している。報告書の内容の紹介よりも、筆者が重要と考え、しかも「ベヴアリッジ報告」の意味を、現代の視点に立脚して評価されるべきと思う点を中心して議論してみたい。

第一に、報告書は福祉のあり方、そして社会保障制度の基本型を示したものであるが、その基本思想はウェッブ夫妻に始まり、フェビアン協会社会主義の基本思想である「ナショナル・ミニマム」を思想の中心においていることである。ベヴァリッジとウェッブ夫妻の対立が失業保険をめぐって存在していたことを以前述べたが、ベヴァリッジはこの対立の恨みもなくウェッブ夫妻の思想をかなり取り入れたことは評価してよい。国民すべてに最低限の生活保障を実行することは国家の義務であるという思想を明確にしている。当然のことながら、この思想に対しては自由主義・保守主義の立場から、後に「報告書」への批判として沸騰する。

第二に、失業保険、年金保険などの保険制度は、定額保険料・定額給付、あるいは均一拠出・均一給付が原則とされた。これは既に述べた一九一一年の国民保険法による原則を踏襲したものである。ここでロイド首相の考え方が生きていることを認識してほしい。イギリスは長い間この原則を続けたのであり、ドイツなどの比例拠出・比例給付との違いは大きい。

この均一拠出・均一給付の原則は、確かにナショナル・ミニマムの確保に役立つが、ナショナル・ミニマム以上の保障までは政府はコミットしない、という主張を間接的に表明しているのである。「ベヴァリッジ報告」ではそれ以上の保障を求める人は強制の均一拠出・均一給付の保険部分に加えて、希望者が自由に加入できる任意の保険を設けるようにと述べている。高い負担をいとわず、かつ高い給付を求める人には、任意の保険が二段階目として提唱されたのである。

第三に、保険料を払えない人、あるいは働けない人については、貧困に陥らないように税金を財源にして国民扶助、あるいは社会扶助として所得保障を行うことを宣言した。この制度は救貧法による公的扶助に代わって導入されたとみなしてよい。

第四に、一五歳ないし一六歳以下の児童に対して、児童手当が支給されることとなった。家族の人数が多いと貧困になる可能性が高いので、こういう家庭への経済支援を始めたのは画期的である。

第五に、医療に関しては保険料の徴収ではなく、税金を財源にして一定額の医療給付制度を設けた。現在のNHS（国民保健サービス）制度の起源はここにある。他の先進国の多くは医療に関しては保険制度で運営しているが、イギリスを筆頭にして、他には例えばイタリア、デンマークなどが、税金を財源にしているユニークさの原因がどこから来ているのかよくわからなかった。

研究を重ねていくうち、その原因が当時のイギリス政治と関係のあることがわかった。それは戦中に計画された「ベヴァリッジ報告」の骨子を、戦後になってアトリー労働党内閣が受け継ぐことになるが、同時に労働党政権は医療事業を国有化したことと直接関係するのである。病院などを国有化し、医師・看護師も公務員にするという政策を断行したことにより、収入源として税収を用いることが自然と考えたからである。

フェビアン社会主義を説明したとき、いくつかの産業を国有化する戦略があると述べたが、労働党はフェビアン主義の流れがあるので、時の政府は医療制度の国有化に踏み込んだのである。イギリスでは労働党内閣になればいくつかの産業が国有化され、保守党内閣になればそれらの産業を民営化されるというように、内閣の交替に応じて国有化と民営化が繰り返し実行された歴史が今日まである。しかし興味あることに、民営化路線を突っ走ったサッチャー保守党内閣さえも、国有化されたNHS制度を保持する姿勢を取り続けた。この制度は確かに高額医療がなかなかなされにくいとか、診療や入院に待たされることが多いといったマイナス面もあるが、イギリス国民は医療給付の財源をいつの時代でも保険料ではなく税収に求めているのである。

ついでながら、イギリスでは有名な経済学者（それは後にノーベル経済学賞を受賞するJ・ミードである）が、「ベヴァリッジ報告」の公表時に社会保障給付の財源を保険料中心に求めたのに対して、税がよいか保険料がよいかをめぐって、ベヴァリッジと論争したことがある。当然ベヴァリッジは保険料派であったが、ミードが税収に求めたのに対してケインズはミード案に賛意を表明していたことが、山森（二〇〇九）の中で指摘されている。結果として税収が医療の分野だけに使われ、他の失業や年金の分野は保険料となった。

以上が「ベヴァリッジ報告」における重要な性質である。このことによって、「ゆりかごから墓場まで」と称されて、福祉国家の代表国となったイギリスであるが、よく内容を吟味すれば、報告書公表以前に既に実行されていた諸制度を文書で明文化して、サービスの範囲と内容をさらに拡大したという特色が「ベヴァリッジ報告」である、と結論づけることも可能である。そして医療給付の財源を税収に求めたことと、そして児童手当の導入が「ベヴァリッジ報告」における新しい試みである。

ベヴァリッジ以降

「ゆりかごから墓場まで」を謳歌した福祉国家イギリスであるが、一九五〇～六〇年代に一つの難題に直面する。それは年金制度における均一拠出・均一給付の原則の運用に際して、給付が低くて生活に困る人が多く出たことであった。これに対する修正策は、均一拠出・均一給付の原則をやめて、一定額以上の上乗せ拠出と上乗せ給付の制度を新しく導入することとなった。一九五〇年代の末期から六〇年代、七〇年代にかけてその上乗せ部分の比率が高くなり、比例拠出・比例給付の原則に近づくような制度変更が続いたのである。一九一一年のロイド・ジョージによる「国民保険法」以来、そして「ベヴァリッジ報告」においても均一拠出・均一給付という、他国にそれほど多く見られないイギリス伝統の原則が崩れたのである。

もっと深刻な問題は、一九六〇年代末期から七〇年代におけるイギリス経済の不振であった。日本やアメリカ、そしてドイツなどの大陸ヨーロッパ諸国の経済繁栄に敗れたし、ポンド危機も手伝って、先進国としては異例なＩＭＦ（国際通貨基金）からの借入金を余儀なくされるほどイギリス経済は危機的状況となった。インフレと失業が同時に発生する（これをスタグフレーションと呼ぶ）という新しい局面に入った。

そこで登場したのが、保守党政権のマーガレット・サッチャー首相である。ケインズ経済学を放棄して、市場メカニズムを尊重する新古典派経済学の方向に舵取りし、規制緩和・民営化路線・競争促進・福祉削減の政策を採用することになる。これらの政策の思想的背景としては、自由をもっとも尊重する新自由主義、あるいはリバタリアリズム（自由至上主義）の経済思想にあると言ってよい。中心の思想家は経済学者ではフリードリッヒ・ハイエクやミルトン・ソリードマンである。ここでいう新自由主義は既に説明したベヴァリッジ、チャーチルなどの「リベラル・リフォーム」における新自由主義と異なることに注意されたい。

福祉の削減と競争促進、規制緩和というサッチャー改革はイギリス経済の立て直しに成功したが、マイナス面も目立ってきた。例えば所得分配の不平等化とか、社会保障の削減によって国民の不安も高まったのである。国民はサッチャー、メージャー首相の保守党から、トニー・ブレアーの労働党政権を選択した。

ブレアー政権は旧い時代の労働党の政策とは一線を画して、経済効率と公平性の両者を目指す政策をとったのである。その精神はブレーンだった社会学者・ギデンズの考え方である「第三の道」を取り入れて、伝統的な保守主義でもなく、かつ伝統的な社会民主主義とも異なり、わかりやすく言えば両者のよい点を同時に生かそうとする思想であった。イギリス経済はこの政策によって「先進国病」から脱却したし、金融業やサービス産業の規制緩和が功を奏して、経済はある程度の強さを回復できた。失業率の削減に成功したし、社会保障制度もそこそこ進展したので、深刻な生活困難で苦しむ人の数を減少させた。

しばらくの労働党政権の後二〇一〇年五月の総選挙で保守党と自民党の連立政権となり、キャメロン内閣が登場したが、イギリスのＥＵ離脱が国民投票で決められたので、キャメロン首相に替わってメイという女性の首相の登場したのがごく最近である。

イギリスの福祉制度

イギリスの福祉を千年前の救貧法の時代から今日までを概観してきたが、ここでそれをまとめておこう。イギリスがどの国にも先駆けて貧困者を救うための福祉政策を発展させてきたことは特筆されてよい。産業革命を世界に先駆けて最初に経験したイギリスは資本主義の強国になったが、資本主義に固有なマイナスの側面（例えば景気循環の存在や搾取される労働者）をできるだけ和らげる政策を導入したのもイギリスであった。そこではいろいろな政治家や学者が関与して、制度の構築に貢献したことを本書で詳しく解説した。

その集大成が第二次世界大戦中に公表された「ベヴァリッジ報告」であり、それには福祉・社会保障制度の「聖典」と称されるほどの画期的な価値があった。戦後しばらくの間イギリスは「ゆりかごから墓場まで」と呼ばれるほどの福祉大国であったが、イギリス経済が弱体化するとともに福祉の見直し論が台頭した。代表的にはサッチャー首相の政策であり、現に福祉削減策が進行した。

ここで思い起こしていただきたいことは、第二次世界大戦前の数百年のイギリスにおける福祉を論じたとき、そこでも常に福祉制度は人々を怠惰にするとかムダが必ず生じる、そして経済を弱くする効果があるといった福祉否定論の存在していたことである。それらについては本書でも記述したつもりである。サッチャー首相による福祉見直し論は何も突然に現れたのではなく、長いイギリスの福祉の歴史上で起こっていたことを、現代で再現したものであると理解しておきたい。

ケインズ・ベヴァリッジ型の福祉国家の代表として一時期は君臨したイギリスも、今ではアメリカほどではないが福祉をかなり見直した国の代表となっている。むしろ福祉国家の典型は北欧諸国によって示されていると理解すべきである。

第6章　フランクリン・ルーズベルトと社会保障
――ニューディール政策で実現する福祉

1　アメリカの社会保障制度

アメリカは自立主義、そして民間依存

アメリカは一七七六年にイギリスの植民地であったところが独立を果たしたにすぎないので、わずかに二四〇年前後の歴史しかない国である。しかし短期間のうちに経済が強大な国に成長したのであり、ヨーロッパの長い歴史を誇る国と比較すると、福祉や社会保障に関しては、かなり異なる特色をもっている。日本においてもアメリカ型の福祉のあり方を賛美する声が強いので、アメリカを知ることには価値がある。

本章の主眼は、第二次世界大戦前後にアメリカの社会保障制度を確立したときの大統領・フランクリン・ルーズベルトを論じるところにあるが、その前にアメリカの福祉の歴史を簡単に知っておこう。

次のような特色がある。

第一に、イギリスの植民地だっただけに、イギリス特有の「救貧法」による貧困者の救済策が福祉制度の主たる制度であり、社会保険とか社会保障という制度に関してはその歴史が浅いし、そのサービス提供の水準は現在までかなり低い。

第二に、ではなぜ社会保障制度が発展しないのかといえば、アメリカ国民が移民とその子孫からなる国であるということが大きく影響している。移民は自国を捨てて新天地を求めて移住した人であるから、頼れるのは自分だけという意識が強いので、他人や政府からの支援や相互扶助にさほどの関心がない。

第三に、第二のことを別の言葉で表現すれば、政府が制度をつくって福祉を提供するといった発想は弱いということになる。しかも経済活動においても政府の関与を排除して、自立と競争を大切にする民間部門の自由な活動を重視するので、小さい政府というのがアメリカを象徴する思想・原理となった。

第四に、とはいえ人々にとって福祉ないし助け合いはたとえ政府がやらなくとも必要な部分はあるので、それを行う部門として自発的な民間社会事業がアメリカにおいて発展するようになった。ヨーロッパであれば政府ないし公共部門の担当する福祉を、アメリカでは民間団体が慈善活動として行うのである。ただしその活動範囲と水準には限度があるので、ヨーロッパの政府が提供する福祉ほどの大きな規模ではない。

こうした民間を中心にした慈善活動は、アメリカ建国以来の伝統である清教徒によるキリスト教思想に起源があるし、その後はソーシャル・ワーク、セツルメントハウス、といった社会事業の発展につながった。いわゆるボランタリー活動がアメリカの伝統となったのである。

第五に、政府ないし公共部門が福祉の分野で果たす役割が非常に小さいアメリカであるが、政府の提供する福祉は連邦政府も多少行うが、連邦国家であるアメリカなので、州が独自の制度をもったり、独自の運営方式を導入していたので、州によって福祉の量と質がかなり異なるというのが、アメリカの特色となっている。

もう一つのアメリカの特色——福祉資本主義

一九世紀後半から二〇世紀初頭の時期におけるアメリカにおいて、もう一つ重要な動きがある。それは「福祉資本主義」と名づけられてよいものである。アメリカは福祉国家ではないが、その理由の一つとしては企業が福祉提供の主導者として君臨した過去である。現代のアメリカからすると意外なことに映るであろうが、アメリカの社会保障史において企業の役割は特に重要である。

それを理解するには、第二次世界大戦前のアメリカを知る必要がある。アメリカが産業革命を終えようとしていた一九二〇年代のアメリカは、第一次世界大戦中のヨーロッパ戦線における戦争特需、そして戦後の復興策の恩恵を受けて世界最強の経済力を誇る国に成長していた。その時期のアメリカの労使関係は、長期雇用、職業訓練、企業別組合などに代表されるように、良好な労使協調を基本にしたものであった。これらは第二次世界大戦後の日本企業における労使関係の特色であるし、現代のアメリカにおける労使関係とはまったく異なる様相を呈していたのである。

企業内福祉に関しても、日本の大企業が施す以上の福祉が提供されていた。例えば、社宅、病院、食堂、スポーツ・文化施設などの充実ぶりが、ジャコービィ（一九九九）に生々しく報告されている。これらの福利厚生施設の質・量にわたる寛大さが、当時のアメリカ大企業の良好な労使関係、そして生産性の向上に寄与したことは特筆されてよい。

ジャコービィはこの現状を「福祉資本主義」と名づけて、企業が雇用の保障、内部昇進、年金や保険などの付加給付を提供することによって、高い勤労意欲を期待し、かつ労使関係の安定と調和を求める資本主義だとした。従業員の囲い込みを行い、そして共同体としての一体感に期待したので、中世の荘園を思い出させる性質があり、マナー（manor 荘園）という言葉が使われたので、「荘園資本主義」とも呼ばれた。

なぜアメリカでは公的な社会保障制度が発展せず、企業内福祉に頼ろうとしたのであろうか。様々な理由が考えられる。

第一に、既に強調したように、アメリカは伝統的に国民の間で自立心が旺盛で、国家の関与をすべての活動分野で最小にしようとする雰囲気がある。これは労使に共通の思想である。アメリカが世界各国からの移民でなる国であることからくる、自然な国是である。

第二に、ヨーロッパのいくつかの国でもそうであったように、例えばドイツのクルップ社で代表されるように経営者に博愛主義的な動機をもつ人があり、アメリカでもそれらの企業を中心とした同じ思想の下で、企業内福祉の充実が図られた。

第三に、第一と第二の理由は、大企業を中心にして年金制度（現在でいう企業年金制度）の成立を促した。二〇世紀前半、すなわち一九二〇年代に多くの大企業で年金制度が導入されていたのである。このため、公的な年金などの社会保障制度は必要とされなかった。

第四に、もともとアメリカの経営者、資本家は労働組合への敵対心が強く、労働組合を作らせないか、組合の力を弱めようとする経営政策がとられてきた。企業内福祉の充実策はそれに役立つとみなされた。なぜなら、手厚い福祉は労働者が反抗的にならないだろう、との期待があったからである。

以上をまとめると、一部のアメリカ大企業では企業福祉が充実していて、それが今日まで続いた伝統がある。そこで働く労働者は恵まれた福祉（年金や医療）を受けることが可能であった。逆に言えば中小企業で働く多くの労働者、自営業者などに福祉の提供は非常に限られていた。それを補う政府による福祉もきわめて不十分であった。

ところで、一度これらの大企業が倒産すると、突如として福祉の提供が大幅に削減されることとなった。代表例は二〇〇九年の自動車大手企業のＧＭであり、従業員や退職者は年金や医療において大きな削減を強いられた。

2　フランクリン・ルーズベルト大統領によるニューディールと福祉

フランクリン・ルーズベルト

なぜフランクリン（一八八二〜一九四五）という名前をわざわざ書いたかといえば、セオドア・ルーズベルトという同姓の第二六代大統領がいるので、違いを鮮明にするためである。フランクリンは第三二代の大統領であるが、二人は広い意味での従兄の関係にある。フランクリン（以降、ルーズベルトと呼ぶ）に関しては、Thompson（一九九二）とMcElvaine（二〇〇二）を参照した。

ルーズベルトは父が鉄道会社の幹部であった裕福な家庭に育った。富豪の常として家庭教師の下で初等教育を私的に受けてから、学部はハーバード大学、大学院はコロンビア大学のロースクールで学んだので、学歴は申し分ない。弁護士事務所に務めながらも、従兄のセオドアの影響を受けたり、家系が合衆国憲法制定のメンバーの子孫ということもあって、ルーズベルト自身も政治の世界への関心は高かった。

ニューヨーク州知事を経てから一九三二年、民主党からの大統領候補となり、前任者の共和党大統領であったハーバート・フーヴァーを大差で破り、一九三三年から第三二代大統領に就任した。フーヴァーに勝利した要因は次の二つである。第一に、一九二九年のウォール街の株価暴落に端を発した大不況はまだ解決されず、失業者が大勢いて社会不安の中にいたアメリカ経済とそれに伴う世界恐慌の建て直し策として、後に解説する「ニューディール政策」を選挙中に主張して、それが国民に受け入れられた。

第二に、前任者のフーヴァー大統領の政策が大不況の回復に成功しなかったことによる。フーヴァーはルーズベルトの採用した「政府が介入を行うケインズ的経済政策」ではなく、古典派経済学の信奉による市場に任せておけば経済は自然と回復すると信じていたし、国内産業を保護するために保護貿易策を採用していて、結局は経済は回復せず大恐慌が続くのであった。

ルーズベルトは大統領としての仕事、すなわち「ニューディール政策」の成功と第二次世界大戦におけるアメリカ勝利の前兆、などが功を奏して、前代未聞の四選を果たした大統領である。しかし第四期目の在任中の一九四五年四月に脳卒中で死去した。戦争でのアメリカ勝利を目の当たりにした直前の急死で、副大統領のハリー・トルーマンが大統領に昇格したのである。

フランクリン・ルーズベルト

ニューディール政策

「ニューディール」（New Deal）とは「新しい政策」と訳されるが、これまでとは異なる政策を行うという意気込みを響かせている。政治家は人民へのアピールのためにこの言葉をよく用いる。もっとも有名なのはここで取り上げるルーズベルト大統領の新政策であるが、最近ではイギリス労働党のトニー・ブレアーが一九九七年に首相に就任してからの政策が「ニューディール」と称され、ある程度の成功を収めた。当時のイギリスは若者の失業問題や何もしない若者（ニートと呼ばれた）の存在が深刻で、その解決のための政策を「ニューディール」と呼んだのである。

ルーズベルトは大統領就任演説でこの「ニューディール」を披露するが、彼の演説はMcElvaine（二〇〇二）によると、歴代のアメリカ大統領の就任演説のうち、もっとも印象深くて記念すべき就任演説の一つとされる。ちなみに他は、他には第三代大統領のトーマス・ジェファーソン、第一六代のアブラハム・リンカーン、第三五代のジョン・F・ケネディの演説が挙げられており、すべてが有名な大統領によるものである。ジェファーソンはアメリカ独立宣言の主たる起草者、リンカーンは黒人差別の廃止、そしてケネディは選挙で選ばれた大統領として四三歳というもっとも若い年齢だった。

ルーズベルトに解決の期待された問題は、まずは第一に、アメリカ大不況と世界恐慌からの脱却、そして第二に、しのびよる世界大戦の危機への対処であった。「ニューディール」は主として第一に関することへの政策であった。

ルーズベルトは就任後の一〇〇日間が勝負と考えて、次々と新しい政策を打ち出して積極的に不況を解決しようとした。これはフランスのナポレオンが一八一五年にエルバ島を脱出してから一〇〇日間で政権を取る歴史的な事実になぞられることもある。

まず最初の仕事は就任直後に、銀行倒産危機による国民の不安を解消するために、全銀行の業務を停止にさせてから、緊急銀行法を成立させて、政府が銀行に財政支援を行うようにした。これで金融危機は回避されたし、その後の金融緩和策によって銀行が企業への貸し付けを行うように仕向け、それが企業の投資意欲を高めた効果があった。すなわち景気回復への金融政策の効果である。

金融に関してはもう一つ重要な策を導入した。それが有名な「グラス・スティーガル法」であり、二つの重要な施策がある。第一に、銀行倒産で預金の引き落としができないときに備えた預金保険制度をつくったこと（すなわち連邦預金保険公社の設立）と、第二に、銀行業と証券業（アメリカでは証券会社に加えて投資銀行も含まれる）の業務分離である。

第一の政策は国民の金融不安を解消するのに役立ったし、第二の政策は銀行業務と証券業務を一つの金融機関が行うと、利益相反を起こしてビジネスを過度に優越的に行うことがあるので、それを排除するために銀行と証券を分離した。この「グラス・スティーガル法」もアメリカの金融業の健全化に貢献した。

現代に即してこれら二つを評価すると、第一の預金保険制度は銀行の倒産が珍しくない時代になっているので、ますます重要性を増している。第二の銀証分離は、金融業の発展を阻害するとみなされるようになり、二〇世紀末から二一世紀にかけて緩和の方向となり、銀行業と証券業を同時に行うことが容認されるようになった。これはアメリカのみならず日本を含めた多くの国での傾向である。

以上が金融分野における「ニューディール」であるが、一般には財政政策が「ニューディール」の代表とみなされることが多いので、次に財政政策を見てみよう。

まず最初はCCC（民間植林治水隊）によって、失業中の若者を政府が公園や森林での作業において雇用する政策であり、政府による雇用創出策である。第二は、AAA（農業調整法）とFERA（連邦救済局）と呼ばれるもので、政府の農家への補助金支出によって農業生産量の調整を図った。第三は有名なTVA（テネシー川流域開発公社）で、財政支出によってテネシー州におけるダム、土手、道路などの公共事業を行って、雇用を創出した。第四はNIRA（全国産業復興法）と第五の有名なワグナー法と呼ばれるもので、いずれも産業の再生と労働者の権益の保護を打ち出した。これらは経済の復興にさして効果はなかったが、むしろ労働者の権益を保護することに成功したので、労使関係の安定化に寄与した点で評価される。

以上が「ニューディール」による財政政策と労使関係政策の概略である。特に財政政策に関しては、大不況からの脱出に成功したかどうかの評価が関心の的となる。戦中と戦後になってから、不況からの脱出のために財政政策の効果を評価するケインズ経済学の登場があったことにより、戦後になって学界において「ニューディール」における財政政策の評価をめぐって論争が起きた。前向きな評価とそうでない評価が交錯したが、筆者は前向きの評価である。すなわち実質GDPは一九二九年水準を一九三六年で上まわったし、失業率の低下も見られたのであり、その原因をケインズ型財政政策の効果のみには帰せられないが、かなりの効果があったとみなせる。

経済学者・ケインズとの関係に関して言えば、彼の有名な『一般理論』の出版は一九三六年なので、ルーズベルトによる「ニューディール」はその第一次が一九三三年の発動であり、ケインズの経済学を当時熟知することは不可能であった。むしろ学説を知らないところで、ルーズベルトとそのまわりにいた政策担当者はケインズ財政政策の教えることを、その以前から政策として実践したと理解しておこう。政治家の勘の鋭さを評価しておこう。同様なことは第2章のスウェーデンにおける財政政策で述べたことを喚起しておこう。

実はアメリカの景気回復を促進したもう一つの理由を見逃してはならない。それはアメリカの第二次世界大戦への参戦である。戦費支出の増加によって有効需要の増加があったのである。一つの格言を述べておこう。「戦争はもっとも単純ながら効果の非常に大きなケインズ政策である。」

ルーズベルトの評価に関していうと、実はこの大戦への参戦に関する歴史と、その帰結に関する記述が圧倒的に多い。例えば、Thompson（一九九二）とMcElvaine（二〇〇二）もそうである。政治、外交、軍事に関する政治家・ルーズベルトの行動とその評価である。世界大戦という大事件であるからこれらのことにもっとも強い関心の寄せられたのは当然である。

とはいえ経済学専攻の筆者からすると、世界大戦はアメリカの不況脱出と経済が強くなるのに大いに貢献したことを強調したい。まず前者に関しては最初に戦争を開始したヨーロッパ諸国から軍需品やその他の製品への戦争特需が殺到した。さらにアメリカの参戦は国内での軍需品やその他の製品への需要を飛躍的に増大させたのである。アメリカ経済はこれらのおかげで完全に大不況から脱出し、かつ最強の経済大国になれたのである。

ルーズベルトの社会保障政策

必ずしもケインズ経済学から直接の影響を受けたのではないが、ケインズの発想に近かった金融財政政策の実施によって、一九二九年に始まったアメリカ経済の大不況を「ニューディール」が乗り越えたことはわかった。換言すれば政府の役割重視である。政府の役割といえば、社会保障も重要な分野である。本書のメイン・テーマでもあるので、ルーズベルトのこの分野における貢献を評価しておこう。

一九二九年に端を発した大不況、恐慌は大量の失業者と貧困者を生むこととなり、一九三三年の「第一次ニューディール」によって様々な経済改革を行って、不況の克服にある程度の成功を収めたが、国民の生活水準はまだ苦しさが続いていた。そこでルーズベルトは一九三五年に「第二次ニューディール」を発表して、国民生活の向上を目的とした社会保障改革を実行しようとした。McElvaine（二〇〇二）によると、「第二次ニューディール」における最大の目玉は社会保障法の制定であったとされる。

どのような具体的な改革がなされたのであろうか。まず第一に、連邦レベルでの高齢者所得保障のために、高齢者給付会計制度をつくって、高齢者にいくばくかの給付や、死亡者にも給付をするようになった。初期の年金制度の導入とみなしてよい。

第二に、アメリカでは失業保険制度は各州ごとの運営に任されていたが、連邦政府がこれに関与するようになり、各州にいくばくかの補助金を支出するようになった。各州独自の失業保険制度であれば失業給付額の低い州が存在することとなり、連邦政府がそれを調整する手段を講じたのである。

第三に、貧困家庭の子どもや、障害のある子どもに一定額の給付を行うようにした。この支払いも州の中で必要度の高い州に補助金として支払われ、州政府から州民に渡るという政策である。これら様々な制度が導入されたが、アメリカの社会保障制度はその水準はかなり低いままにとどまっており、むしろ制度がやっと始まったにすぎないと理解してもよいほどの低水準である。

以上、高齢者の年金は連邦レベル、失業や子ども手当といった分野においては連邦政府が各州に補助金を出すといった形式によって、様々な福祉制度や社会保障制度が「第二次ニューディール」によって実施されたことを見たが、賢明な読者は一つの分野だけ欠けていることに気が付かれるかもしれない。それは医療保険である。「ニューディール」の策定に際して、国民に医療費の給付をせねばならないという認識は、連邦政府と各州の政府にあったが、結局は公的な医療保険制度の導入はなかったのである。

導入に反対したのは強力な組織力を誇る医師会の存在であった。民間保険会社の運営する医療保険制度は存在していたが、国なり州が運営する保険制度には医師会が強力に反対したのである。医療保険が充実すると、医療費低下の動きが必ず出てくるので、結局のところ医療単価の低下につながって、医師の所得が低下せざるをえなくなるということを医師たちは恐れたのである。社会保障制度を充実せねばならないとするルーズベルト大統領、そしてそのまわりの政策担当者はアメリカにおいて医療保険制度を導入せねばならないと思ったが、それを果たせなかったのである。

なんと公的医療保険制度は現代のアメリカではこれまで導入がなかった。そこにヨーロッパや日本との大きな違いがある。とはいえさすがに一部の高齢者と貧困者用には公的医療保険制度は導入されるようになってはいる。しかしその大半の国民にはそれがなく、保険に加入したければ民間医療保険会社の運営する制度に加入する必要がある。民間企業であれば保険料が高いので、低所得者は加入できないのであり、無保険者を生むことになる。一応皆保険を達成している日欧とは異なる特色である。

この無保険者の存在は国民の間で医療・健康格差を生むので、それは好ましくないとして民主党のオバマ大統領は、民間医療保険であっても全国民の加入できる制度、これは「オバマケア」と称されるものを彼の任期中に導入したのであった。共和党はじめ医療界からの反対はあったが、中身はまだ不十分なものとはいえ、なんとか国会を通して「オバマケア」を実行に移したのである。

ところが第四五代のアメリカ大統領になったドナルド・トランプ（共和党）は、「オバマケア」の廃止を目論んで、大統領令でそれを廃止してしまった。その根拠は、全国民が加入する医療保険であれば、低所得者は保険料を全額払えないので、その不足分を高所得者の保険料を高くして補う必要が生じる。それは許されないとして、トランプ政権は「オバマケア」の廃止を主張したのである。この主張の背後には、アメリカ医師会の強い反対の声のあることは当然である。

筆者の個人的好みは、国民に保険が行き渡り、しかもその運営を国家が行う公的制度であるが、アメリカではなかなかこれへの賛意は少ない。自立主義の信奉、新自由主義の信奉、小さな政府への支持、大きな所得格差の存在を容認、強い医師会、などの特色を有するアメリカだけに、なかなか筆者の思うような制度とはほど遠い。アメリカ国民の決めること、と言ってしまえばそれまでであるが、日本人の中にもアメリカ型の思想なり制度を好む人もかなりいるので目を離せない。

第7章　ピケティの格差論とフランス社会保障
——21世紀の格差

1　ピケティの格差論

ピケティの衝撃

二〇一三年にフランス語版、二〇一四年に英語版と日本語版によってピケティによる『21世紀の資本』が出版されるやいなや、世界的なベストセラーになったことは記憶に新しい。アメリカでは五〇万部をも突破したのである。七〜八〇〇ページにもわたる経済の専門書がこれだけの販売に成功したのは、恐らく前代未聞ではないだろうか。この書が経済学界に与えた影響のすごさは当然としても、一般社会でも高い関心が寄せられたのは、内容が現代の資本主義の抱える課題、すなわち格差問題を真正面から取り上げたことが理由である。当然のことながら本書の内容の質が高い上に、説得力に満ちた主張が含まれていたことも注目されたのである。

ピケティの主張を一言で要約するなら、資本主義経済では高所得者・高資産保有者はますます富裕化するのが宿命であることを理論で示し、かつそれを約二〇カ国の長期にわたる統計を用いて実証に成功したということである。日本もこの二〇カ国の中に含まれている。資本家がますます富む社会を主張したのなら、第3章で論じたマルクスとエンゲルスがそうであったように、いわゆるマルクス経済学者と想像されるかもしれないが、ピケティ自身が自分はマルクス信奉者ではないと述べている。非マルクス学派、あるいは近代経済学派による経済学の書物である。

ここでトマ・ピケティの経歴をごく簡単に紹介しておこう。一九七一年にパリ近郊で生まれたピケティは、一八歳で高等師範学校に入学した。この学校は入学試験が非常に難しいエリート校であり、彼はここで数学を専攻した。現代の経済学は数学を駆使するので、大学院で経済学を勉強する気になったのは自然であった。イギリスの名門LSEとパリの社会科学高等研究院（EHESS）の共同学位プロジェクトの下で、二二歳という若さで博士号を取得した。博士論文のタイトルは『富の再分配の理論』であり、所得や資産分配が彼の中心課題だったのである。

ピケティはアメリカのマサチューセッツ工科大学（MIT）で教鞭をとることになるが、MITの経済学は名門中の名門なので、彼の博士論文の質の高かったことが、MITに就職できた理由である。とはいえMITをはじめアメリカの大学では経済学の論文を書くのに数学を用いるのがごく自然であるし、研究論文も数式で満ちているのが多くなっていた。ピケティも若い頃は自身の論文の発表に際して数学を用いていたが、徐々に数学で明け暮れる経済学の姿に失望するようになっていた。数学の展開だけに夢中になっていて、現実の経済とほとんど関係のない世界での理論のこねくりまわしの現状に不満を抱くようになったのである。そこで彼はMITを二年間の滞在のみで辞してフランスのEHESSに戻ったのである。現在ではイギリスのLSEのフランス版であるパリ・スクール・オブ・エコノミックスの教授職にいる。

フランスに戻ると彼は大蔵省の建物に埋もれていた二〇〇年以上にもわたるフランスの税務統計を丹念に調べて、フランスの高所得者の所得の稼得状況と、税金をどれだけ支払っていたかを研究したのである。その研究成果は後に紹介するとして、フランスのことを非常に綿密に調べ上げたピケティは、関心をイギリスをはじめヨーロッパ、北米、日本といった資本主義国にまで拡大して、かの有名な『21世紀の資本』を出版するに至るのである。イギリスに関していえば、LSEでの博士論文の指導者であった所得分配論の大家、A・アトキンソンとの共同研究が役立ったことは強調されてよい。イギリスではフランスと同様に税務データが長期間保存されていたので、英仏両国については二〇〇年以上にもわたる長期の統計分析が可能だったのである。

二〇世紀フランスにおける所得分配

手元にピケティ著『格差と再分配――20世紀フランスの資本』（山本知子他三名訳、早川書房、二〇一六年）がある。なんと一一〇〇ページにも達する大部で、価格一七〇〇〇円という書物である。原著は二〇〇一年のフランス語版である。この書は一九〇一年から一九九八年までの一〇〇年弱の期間に

（1900～10年および1919～98年）

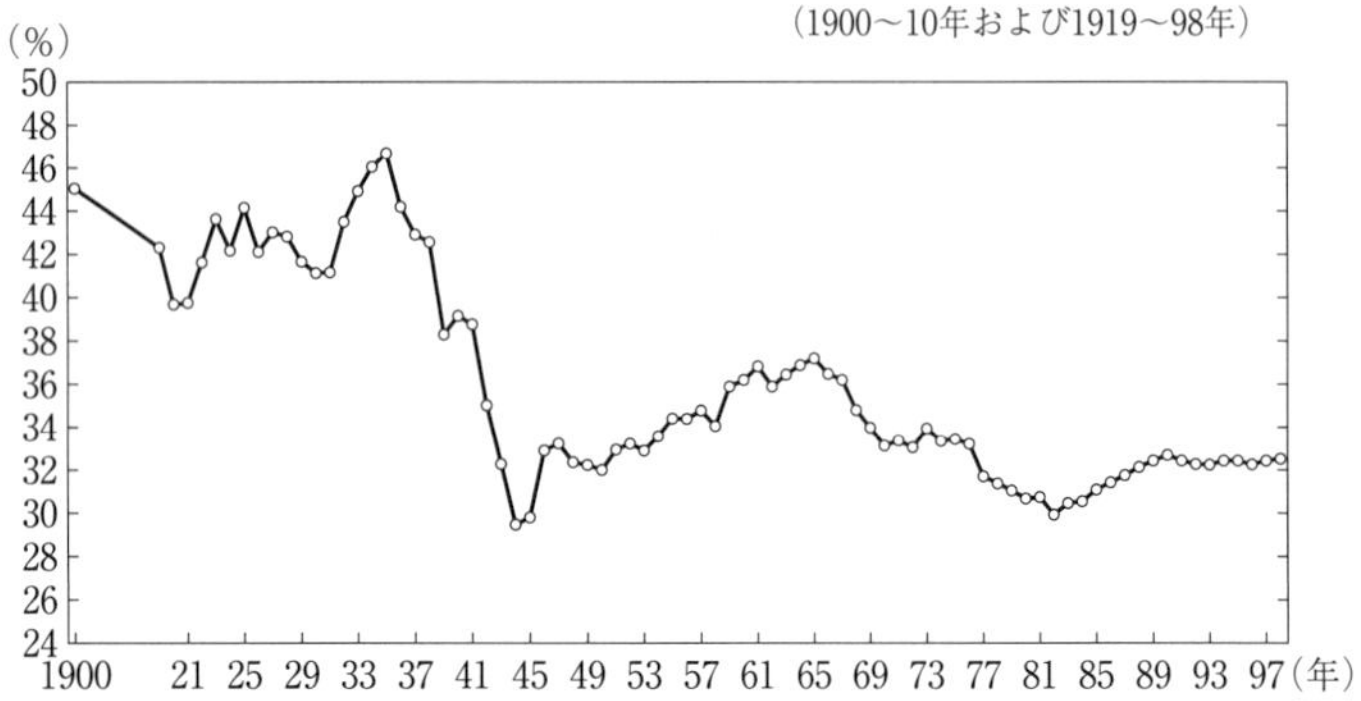

図7-1　所得全体に占めるトップ十分位の所得の割合

出所：ピケティ（2016）。

わたって、フランスの所得分配の現状、特に高額所得者の動向に関して分析を行ったものである。第7章で他の欧米諸国との比較を行っているが、主たる関心はほぼフランスである。この書が後に世界的に有名となった『21世紀の資本』の出発点となった研究である。さらに長期間にわたる所得税の変化とその効果を記述しているので、税による所得再分配効果の分析がかなりなされている。

　ここでピケティの書に基づいて、フランスの約一世紀にわたる所得分配の推移を素描しておこう。第一に、世界的に有名になったピケティによる『21世紀の資本』では、主たる分析の変数が資産だったのであり、資本主義国における高額資産保有者はますます富裕化したことが主張されたが、『格差と再分配』の主たる関心は所得なので、『21世紀の資本』とは異なった事実が得られている。

　図7-1は所得分布の中でトップ十分位（つまり最高所得の上位順位者から上位一〇%までの順位にいる人）の人の所得合計が国民全員の総所得に占める比率の変化である。こ

の図によると、第一次世界大戦前の一九〇〇年あたりから、一九三〇年代までは一定比率で推移し、戦争の時代に入る前に、最高所得階級に属する人の所得比が低下しているので、高所得者の所得は相対的に低下したことを意味している。これは戦前における民主化路線が進行した賜物である。さらに戦後になると多少の変動はあるが、三〇%台の前半で推移したので、高所得者の所得は高くなることもなく低くなることもなく、一定であった。

第二に、フランス社会の特徴として、二〇〇家族というトップの富裕層がフランス経済を支配している、ということがよく言われる。すなわち最上位にいる少数の資産家・企業家が戦前の日本における財閥が果たしたように、二〇〇家族がフランス経済界を牛耳っているのである。図7-2と図7-3はこの二〇〇家族における平均所得の変化と、所得全体に占める二〇〇家族の比率を示したものである。

この図でわかる意外なことは、戦前において二〇〇家族の平均所得が急降下したことにある。一九一〇年代には九〇〇万フラン位あった所得が、一九四〇年代には二〇〇万フランまで低下しているのであるから、かなり急激な下落である。なぜこのような不思議な現象が起きたのか、ピケティは二つの理由を挙げている。まずは第一次世界大戦（一九一四〜一八）によってヨーロッパ全体、そしてフランスが経済的に破壊されたので、企業家と資産家の所得が大きく減少した。別の理由として、統計データの出所であるこの時代の申告所得統計に不備があった。ピケティ自身この二つの理由のうち、よりどちらが妥当であるかを述べていないので、ここでも評価を避けておこう。

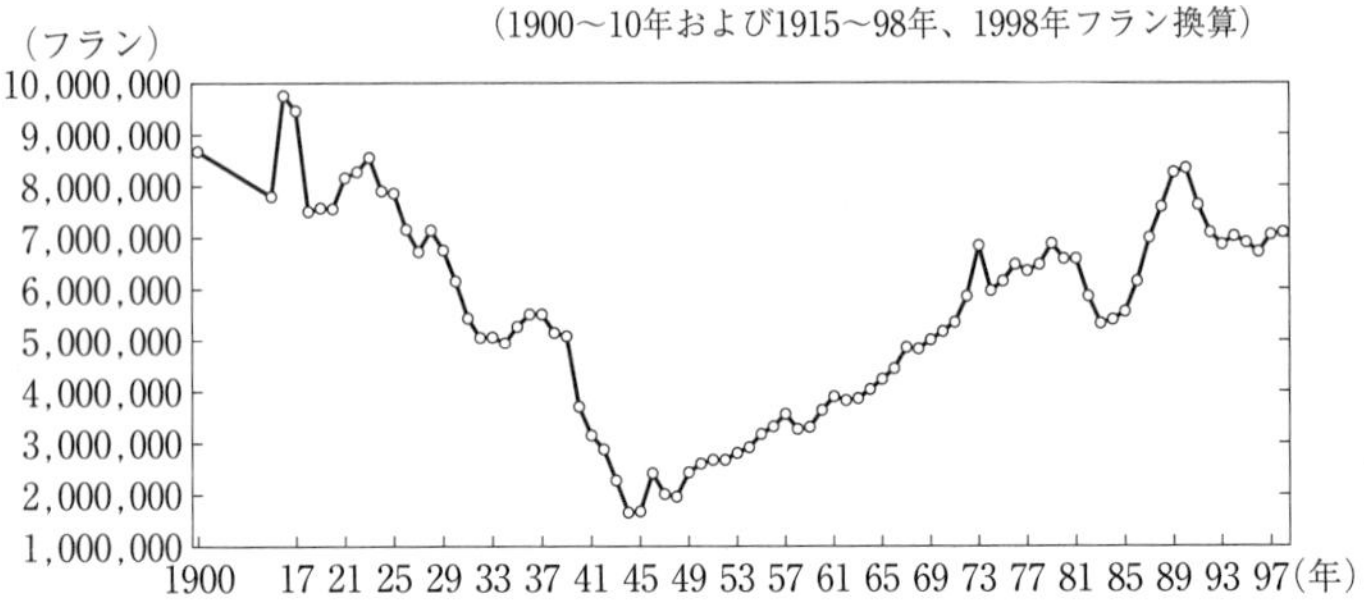

図7-2　「200家族」(分位 P99.99-100) の平均所得
出所：ピケティ (2016)。

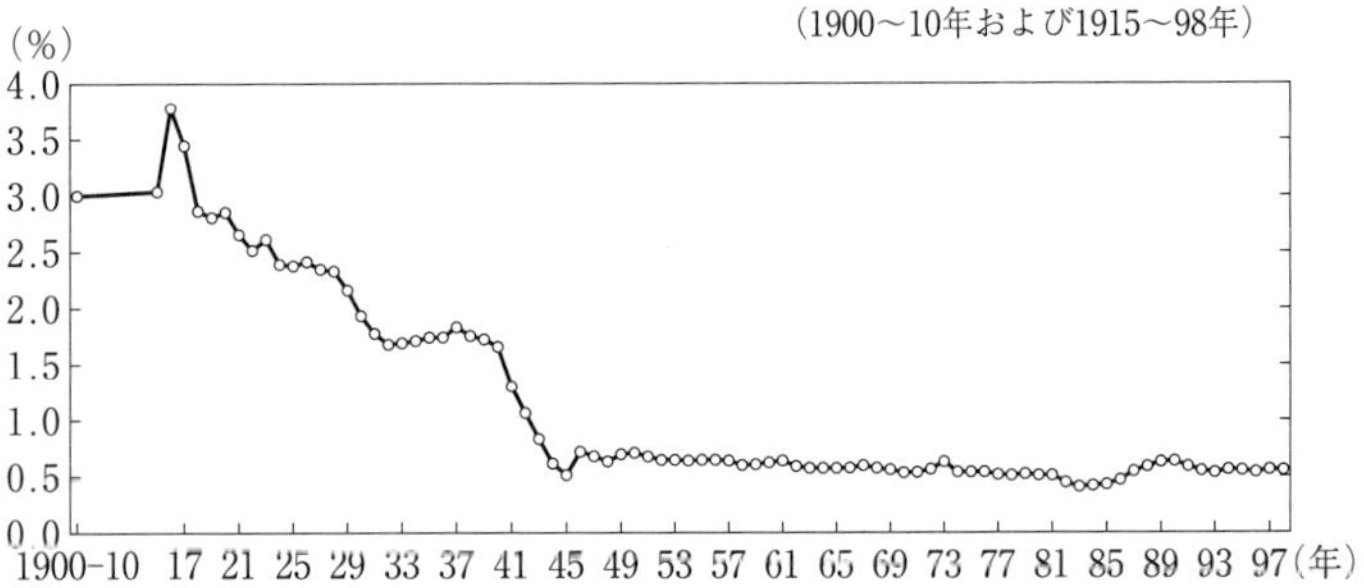

図7-3　所得全体に占める「200家族」(分位 P99.99-100) の所得の割合
出所：ピケティ (2016)。

むしろ重要なことは、これら二つの図に現れていることで、戦前は二〇〇家族の経済力が低下したことと、戦後になってそれが増加もせず減少もせずで、経済力なり影響力は一定で推移したことにある。いわゆる二〇〇家族がフランス経済を支配する力はそのまま続いたということになる。

第三に、高所得者に関しても、超高所得者の所得増や、それらの人の資本所得の増加したことに注目したい。図7-4、図7-5は上位〇・〇一～〇・一%、上位〇・一〜〇・五％、上位〇・五〜一・〇％の高所得者の動きを示したものである。戦後であれば、〇・〇一〜〇・一％という超高所得者の所得が上昇したことが明らかであり、超高額所得者の所得がますます高くなったことを示している。この事実はピケティがフランスに関して発見したことであるが、それが資本主義のほとんどの国で発生していることを主張するようになる先駆けの研究として価値ある発見である。

もっと重要なことは、ここでは図で示していないが、資本所得が総所得に占める割合が戦後では上昇中なのである。高所得者においては、彼たちの保有する資産の収益率が高くなって、資本所得の比率が急激に上昇中である。これは高所得者、同様に高資産保有になっている人が、利子、配当、地代といった資産からの収益によって計上される所得が急上昇していることを意味している。フランスでは富裕層がますます富裕化していることが明らかにわかるし、それを説明する有力な理由が後に紹介する、$r>g$ の不等式の存在が原因である。ここで r とは資本（あるいは資産）収益率、g とは国民所得の成長率である。単純に言えば、資産をもつ人の収益率の方が一般庶民の人（すなわち賃金などの成長率）より高いので、ますます高所得者と高資産保有者が富裕化するという資本主義の原理なのである。

第四に、所得税制度の変遷について述べておこう。課税後所得の分配に強い影響を与えるのは、所得税における累進性の強度である。高所得者に高い所得税率を、低所得者には低い所得税率を、ないし税金を徴収しないというのが累進税制であるが、その程度がどれほどかというのが累進性の強度である。所得分配の平等性を好む立場からは強い累進度、平等性を好まない立場からは弱い累進度が選

（1900～10年および1915～98年，1998年フラン換算）

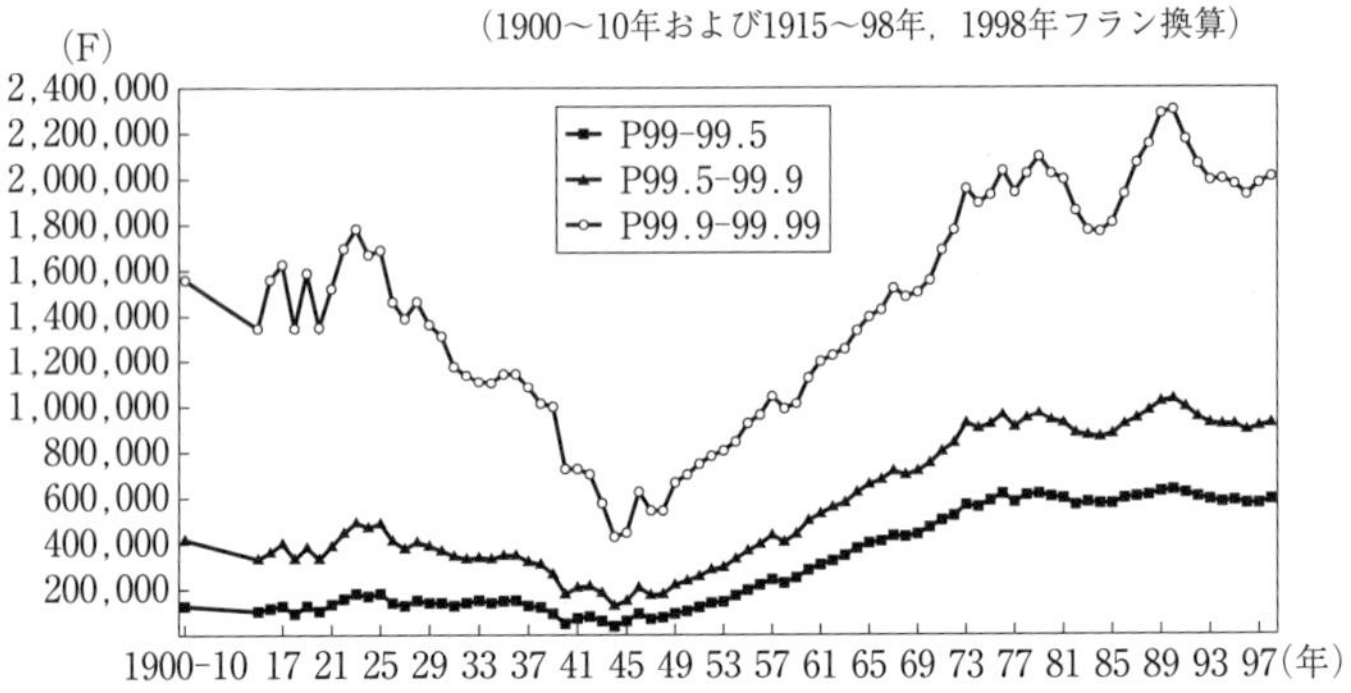

図7－4　「上流階級」（分位 P99-99.5，P99.5-99.9，P99.9-99.99）の平均所得
情報源　表B－12の列 P99-99.5，P99.5-99.9，P99.9-99.99（付録B）。
出所：ピケティ（2016）。

（1900～10年および1915～98年）

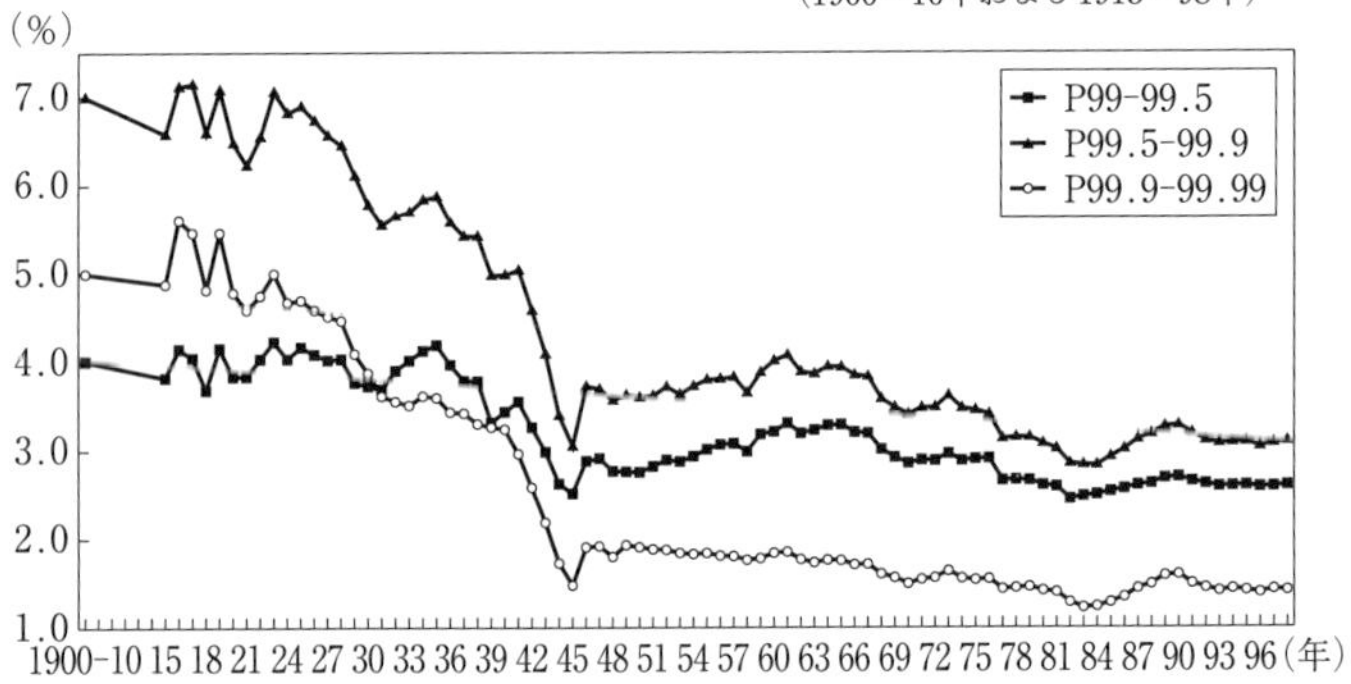

図7－5　「上流階級」（分位 P99-99.5，P99.5-99.9，P99.9-99.99）の所得が所得全体に占める割合
情報源　表B－15の列 P99-99.5，P99.5-99.9，P99.9-99.99（付録B）。
出所：ピケティ（2016）。

料金受取人払郵便

山科局承認

1695

差出有効期間
平成31年11月
30日まで

郵便はがき

607-8790

(受　取　人)

京都市山科区
日ノ岡堤谷町1番地

ミネルヴァ書房
読者アンケート係 行

◆ 以下のアンケートにお答え下さい。

お求めの
書店名＿＿＿＿＿＿市区町村＿＿＿＿＿＿＿＿＿＿書店

＊ この本をどのようにしてお知りになりましたか？ 以下の中から選び、3つまで○をお付け下さい。

A.広告（　　　）を見て　B.店頭で見て　C.知人・友人の薦め
D.著者ファン　E.図書館で借りて　F.教科書として
G.ミネルヴァ書房図書目録　H.ミネルヴァ通信
I.書評（　　　）をみて　J.講演会など　K.テレビ・ラジオ
L.出版ダイジェスト　M.これから出る本　N.他の本を読んで
O.DM　P.ホームページ（　　　　　　）をみて
Q.書店の案内で　R.その他（　　　　　　）

書 名 お買上の本のタイトルをご記入下さい。

◆上記の本に関するご感想、またはご意見・ご希望などをお書き下さい。
文章を採用させていただいた方には図書カードを贈呈いたします。

◆よく読む分野（ご専門）について、3つまで○をお付け下さい。

1. 哲学・思想　2. 世界史　3. 日本史　4. 政治・法律
5. 経済　6. 経営　7. 心理　8. 教育　9. 保育　10. 社会福祉
11. 社会　12. 自然科学　13. 文学・言語　14. 評論・評伝
15. 児童書　16. 資格・実用　17. その他（　　　　）

〒 ご住所 Tel　（　　）
お名前《ふりがな》　年齢　歳　性別　男・女
ご職業・学校名 （所属・専門）
Eメール

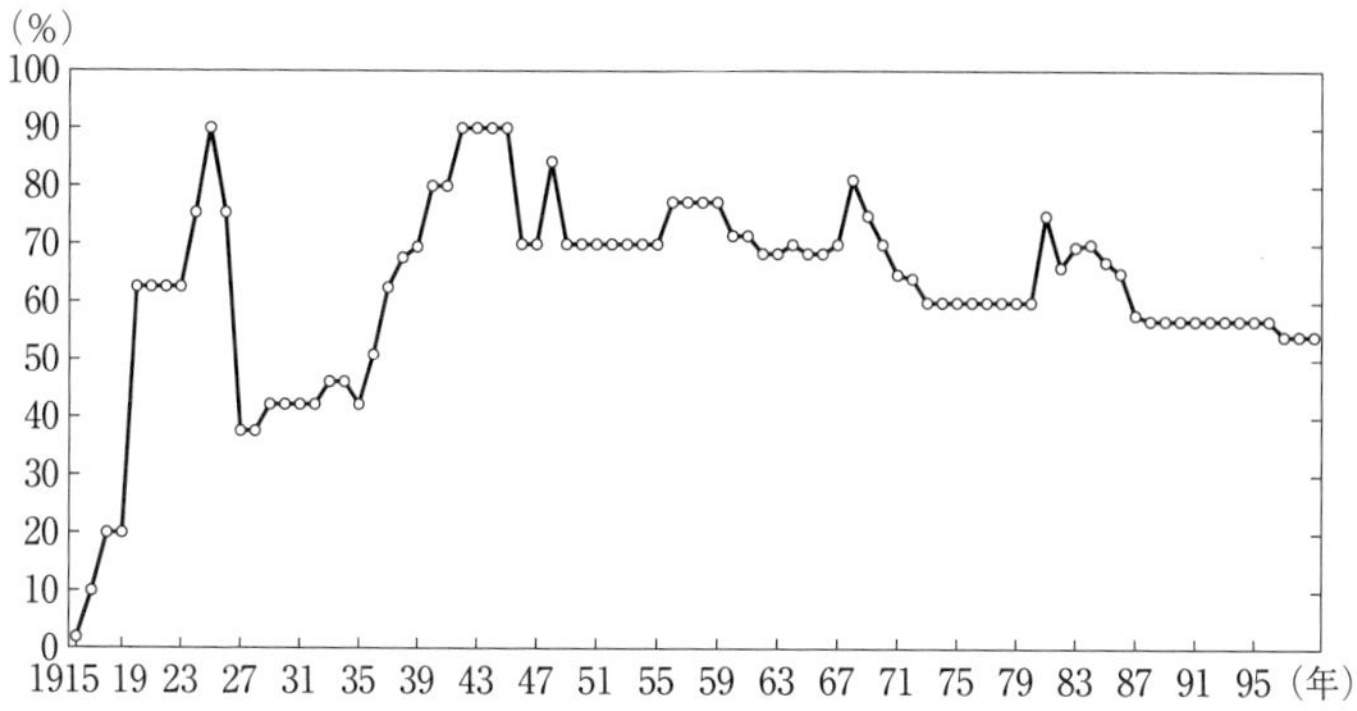

図7－6　所得税の最高限界税率（1915〜98年）
出所：ピケティ（2016）。

択される。戦後フランスの政治は、左右勢力が政権交替を重ねてきた歴史があるので、社会党を中心にした中道左派政権の時代は強い累進度、保守政党を中心にした中道右派政権のときは弱い累進度という特色があった。そのことを確認するために、累進度の強弱をもっとも端的に表している最高税率の高さの変遷を見てみよう。

図7－6は一九一五年から一九九八年までの所得税の最高限界税率の変化を示したものである。つまりもっとも高い所得の人にどれだけ税を課したかである。かなりの変動、特に戦前において大きな、そして戦後において小さな変動を示しているので、政権の違いによって累進度に変化のあったことがわかる。ピケティの書にはどの時代がどの政権であったかが詳しく書かれているが、ここではそれを叙述しない。

この図で強調すべきことは、戦後の動向に関しては、多少の変動は見られるとはいえ、長期傾向としては最高の九○%から五○%台まで下降していることにある。すなわち最高限界税率の低下傾向は、戦後に関しては所得税による所得再分配効果が弱まったことを意味しているのである。高所得者から税金をあまり徴収しなくなった金持ち優遇策であり、これは国の所得格差を拡大することを促す。実はこの現象は戦後の多くの資本主義国で見られた現象であり、所得格差拡大の一大要因である。日本も例外ではないのである。日本に関しては橘木（二〇一六a）参照のこと。

『21世紀の資本』

世界的な大ベストセラーになったピケティの『21世紀の資本』を簡単に見ておいて、日本を含めた資本主義国での解釈に与えた影響の大きかったことを確認しておこう。

ピケティの最大の関心は、経済変数の中でも資本、あるいは富がどのように蓄積されているかにあった。まずは資本主義国のおよそ二〇カ国に関して、資本ないし富のデータを長期間に渡って解析した。特にデータの豊富なフランスとイギリスに関しては、二〇〇年以上にも渡って解析したので、超長期の分析が可能であった。

彼は富の額の変動に注目する。これらの資本額を国民所得と比較して、資本／所得比率（β）の変動に最大の関心を払う。この値が大きいと資本蓄積が非常に進んだ時期であり、小さいと縮小の時期とみなす。そしてその比率を長期間にわたって観測すると、第一次大戦と第二次大戦の間と、第二次大戦後のしばらくの間はβが小さかったが、それ以外の大半の時期はβが大きかったことを示した。

すなわち、U字曲線を描いていた。第一次大戦以前と一九八〇年以降の両時期は資本の蓄積が進んだのであり、資本格差の目立つ時期なのである。

二つの戦争によってβの減少した理由は多くあるが、次の三つに要約できる。第一は、戦争による資本破壊、第二は、戦後の高いインフレーションによって資産の実質価値がかなり減少した。第三は資本を含めた諸変数の税率がかなり高くなったからである。現代の大きな格差の存在は、これらのことが消滅して、新しいことが一九八〇年以降に発生したことで説明できるのである。

もう一つの重要な事実は、資本の保有構成に注目すると、トップ一〇％やトップ一％の資本保持者の総資本保有額への比率に関しては、第一次大戦以前はそれが西欧では七〇～八〇％と三〇～五〇％の高さだったので、富の集中が進んだ時代であったが、第二次大戦までとその後しばらくは富の集中が和らいだ。しかし、一九八〇年頃からその比率が再び上昇に転じ、資本の格差が拡大中である。資本／所得比率（β）と資本集中度は時期で見ると同じ動きを示しており、現代における富の格差拡大が読み取れるのである。このことが格差の時代になっていることの象徴として、ピケティは警鐘を鳴らすのである。

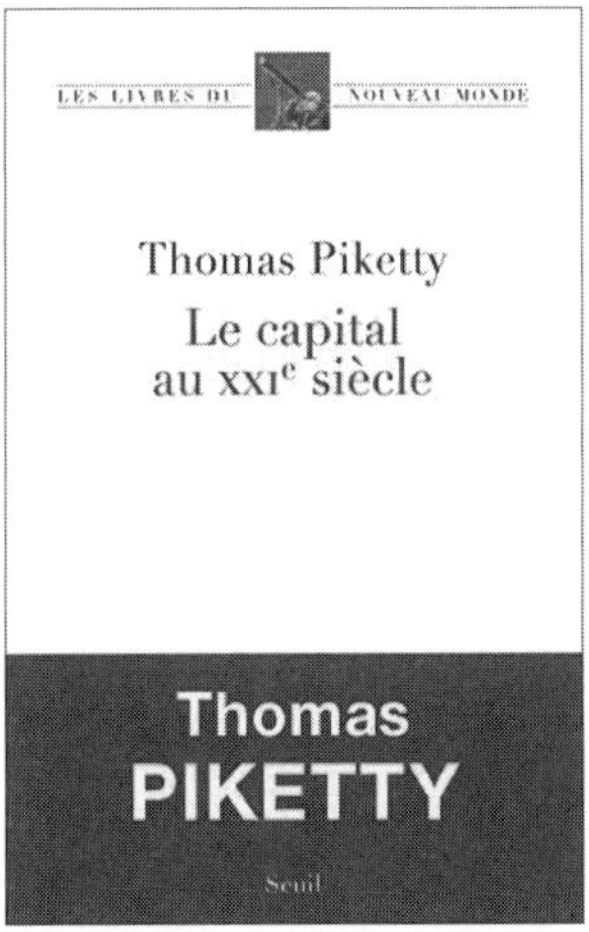

『21世紀の資本』の表紙

ピケティがこれらのことを説明する根拠として、

ポスト・ケインジアンのハロッド・ドーマーの成長理論を応用する。すなわち、$\beta=s/g$の式であり、ここでｓは貯蓄率、ｇは国民所得の成長率である。比較的単純なハロッドによる考え方、すなわち$K/Y=s/g$という式を用いたのである。ただしここでのKは資本である。現代における複雑な数学を用いた経済成長論よりも、単純な経済成長論で分析する方がわかりやすいので、ハロッド・ドーマー理論の応用には違和感はない。

もう一つ重要な式は、$\alpha=r\times\beta$（ここでαは資本所得／国民所得比率、rは資本収益率を表す）という恒等的な会計式である。この二つの式を用いることによってピケティは、$r>g$という関係が多くの時期で成立していることを根拠に、富の格差の拡大が進行するのである、と主張する。第一次大戦と第二次大戦の間と、第二次大戦後のしばらくの時期は、$g>r$が成立していた可能性があるので、格差は縮小したかもしれないのである。ちなみにピケティは、rの値は多くの時期で四〜五％、gの値はせいぜい一％前後の観測値を主張しているので、$r>g$が多くの時期で成立しているとみなしている。

このようにして現代は資本の蓄積が進み、労働所得の伸びよりも資本所得の伸びが上まわり、資本をもつ人がますます富裕化するので、結果として格差の拡大がますます進行している、と主張できるのである。そしてその資本（富）は、世代間で相続されるので、富める者の地位は祖父から父へ、父から息子へと世代間で移転していることを「世襲資本主義」と称している。

ここでピケティが資本主義国においては、高所得者・高資産保有者がますます富裕化することを主

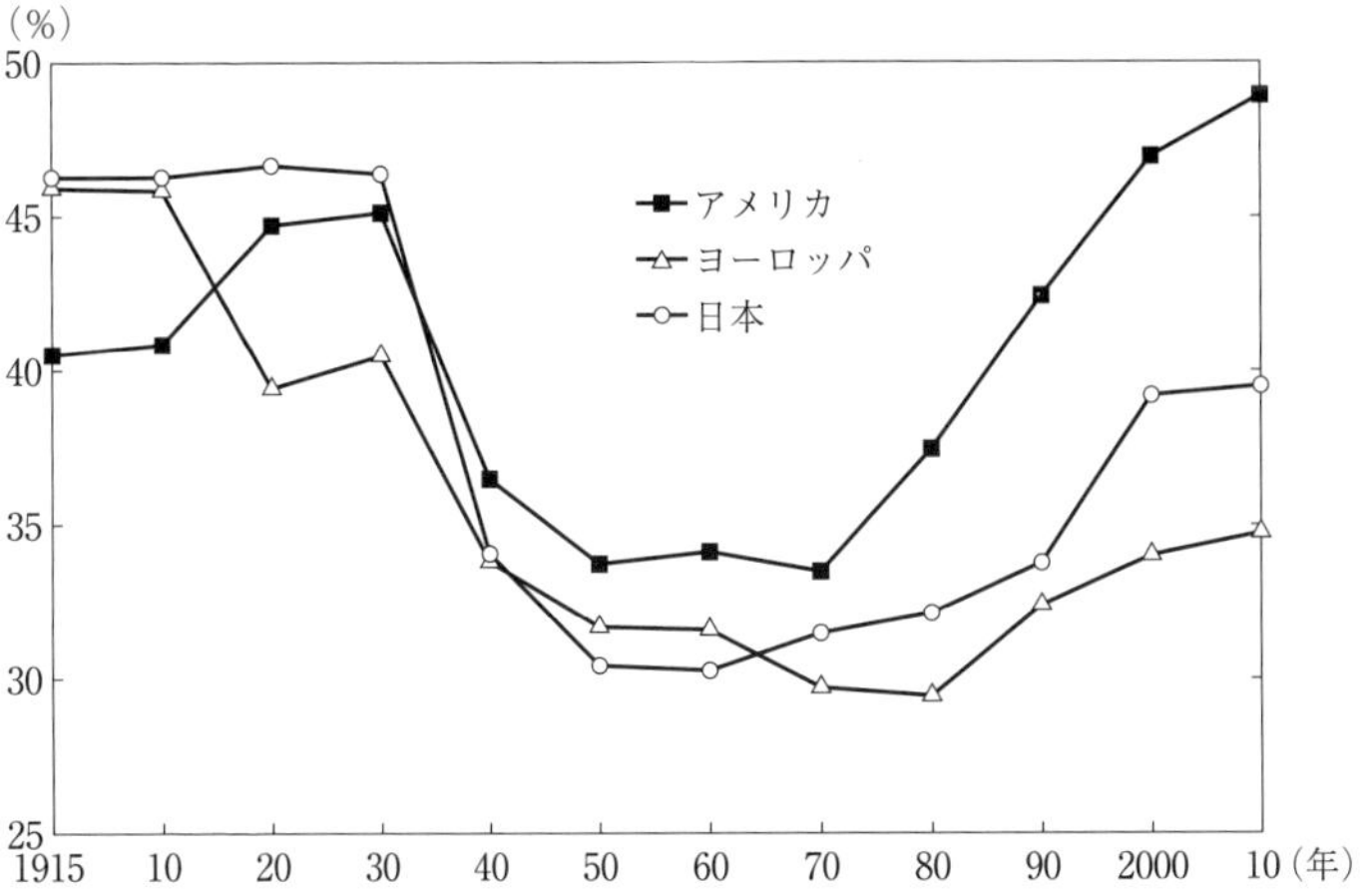

図7-7　上位のトップ10%所得者の総所得に占める比率（ヨーロッパ，アメリカ，日本，1900〜2010年）

出所：ピケティ（2014）。

張した点を、もっともわかりやすい姿で示した図を紹介して、それを確認しておこう。図7-7がそれである、この図はおよそ一〇〇年間にわたって、アメリカ、ヨーロッパ、そして日本という資本主義国において、上位一〇%の高所得者の所得額が、国民全員の総所得額に占める比率を示したものである。

この三地域がほぼ同じ傾向を示していることがわかり、資本主義国の特徴を端的に表しているると理解してよい。すなわち、第一次世界大戦と第二次世界大戦の間と、第二次世界大戦後のしばらくは、比率の減少が見られたので、所得格差の縮小した時代であった。しかし一九七〇年あたりからこれら三地域のすべてで比率が上昇しており、高所得者がますます高所得を得ていることが明確で、所得格差が大きく拡大したことを意味している。その理由として重要なことは、先ほど述べた$r>g$の不等式が効いていて、高所得者や高資産保有者は高い資本収益率rのメリットを享受しているので、彼たちの所得や資産はますます高くなるのである。ここでは高所得者のみの統計しか示していないが、高資産保有者もますます資産保有額を増やしていることは当然に予測できるので、あえて図表に示さなくともわかる。その顕著なのがアメリカ、次いで日本、ヨーロッパと続く。

比較的単純な経済理論を用いながらその成果を現実の統計に当てはめて、富の格差が拡大している現状とその理由をうまく解析したので、本書の価値は非常に高い。特に多くの資本主義国を長期にわたって分析しているので、現実妥当性は高い。最大の特徴は分析の主眼を資本、あるいは富の動向と経済成長率との関係に特化したことにある。

世の中で格差が出現する最大の証拠は、資本をもつ人がそれを全資本の中でどれだけの比率で保有しているかであり、それが格差の象徴となる。誤解を与えることになるかもしれないが、やさしく言えば、お金持ちが世の中にどれほどいるのか、そしてそのお金持ちは世代を通じて（すなわち相続）、なぜお金持ちであり続けるのかが明らかになったのであり、富裕者がますます富裕化するメカニズムの証明を行ったのである。そのことが世の中は格差社会にいるのだ、ということになる。

これまでの格差論は、高所得者と低所得者の所得差の大きさや、貧困で苦しむ人がどれだけ世の中にいるのか、といった点に注目してきた。前者に関しては、例えばジニ係数といった統計指標を用いて、全国民の所得分配の全体像を分析してきたし、後者に関しては、例えば国民の何パーセントが貧困者であるかという貧困率（絶対的貧困ないし相対的貧困）の動向を用いて、格差社会を分析してきたのであった。

ピケティは所得格差や貧困者のことよりも、富裕者の動向を知ることの方に関心が高い。その有力な根拠は、資本保有が経済成長に与える効果が大きいからであり、それを武器にして資産分配と実体経済との関係に注目することを可能にすると考えたのである。

例えば貧困者のことを分析しても、これらの人はほとんど資本なり富を保有していないので、経済成長への影響はないと考えてよく、富と実体経済との関係を分析することは不可能に近い。

しかし、筆者の判断は少し異なる。確かに経済成長なり実体経済との関連に注目するなら、富裕層の動向ないし富の増減は大切であるが、格差自体のことに関心があれば、貧困者の多くいる社会は人道上から好ましくないと判断する。従って筆者は、富裕者と貧困者の双方を注意深く見ることが、格差論の本質ではないかと思っている。これはピケティの『21世紀の資本』への批判ではない。彼はこの書で富裕者分析を厳格にかつ広範囲に行ったのであり、その価値は十二分にある。特に富裕者への分析が不足していた現状に鑑みると、なおさらピケティは評価されてよい。

2　フランス社会保障制度の父・ピエール・ラロック

外国の福祉制度、あるいは社会保障制度といえば、まず真先に思い浮かべるのはスウェーデン、デンマークなどの福祉国家である北欧諸国といえよう。次いで強大国ということと、英語の読みやすさもあって、アメリカやイギリスについてもよく知られている。フランスについては関心が高くなく、日本語の文献もそう多くない。そこでフランスがどうなっているのだろうか、フランスは先進国の中では大変ユニークな制度をもっているので興味深く、ここで論じてみる。

ピエール・ラロック

フランスの社会保障は一八世紀頃に既にその始まりがある。ドイツにおけるクルップ社ほどの有名さなり汎用性はないが、石炭産業で働く労働者には労働災害や健康に関する保険制度が、フランスにおいても生まれていた。そしてイギリスには遅れをとったがフランスでも産業革命がおこって、資本主義が発達し、労働者の労働・生活は条件が悪くなった。そこで、企業で働く労働者への福祉、保険制度が企業別に発展した。その運営は経営側と労働側による共同の管理というのがフランスでの特色であり、国家が関与するという伝統はなかった。

第二次大戦直後にフランスの社会保障制度は法律に基づいて体系化されることになるが、そのときに重要な役割を演じたのがピエール・ラロック（一九〇七～一九九七）である。「フランス社会保障の父」という称号が与えられているほどなので、フランスでは有名な人なのであるが、本書で論じた多くの人ほどの知名度は世界的にはない。逆に言えば、それだからこそラロックを取り上げて、どういうことをした人かを知ることには価値がある。

ラロックのキャリアは公務員としての人であった。フランス政府の労働・社会省で勤務していたが、第二次世界大戦中にドイツのヒトラー政権によるフランス侵攻に抵抗する運動に参加した。いわゆるレジスタンス運動の共鳴者だったし、ついにはド・ゴール将軍と同じくロンドンに一時亡命していた時期もあった。戦後にド・ゴール将軍がフランス大統領になると、ラロックはフランス政府の中で重要な地位を占めるようになった。

具体的には国務院（コンセイユ・デタ）という内閣における重要な役所において、社会保障計画局のヘッドに就任した。フランスの国務院というのは、橘木（二〇一五）がフランスの三大エリート官庁、すなわち国務院、財政監察院（アンスペクション・デ・フィナンス）、会計検査院（クール・デ・コント）を解説しているうちの一つである。国務院の業務としては、法律が憲法の範囲内にあるか（すなわち合憲かどうか）を審査して、実際に国会で審議していいかどうかの決定をしている官庁である。日本では内閣法制局に対応するが、フランスでの国務院の方がエリート性は高い。ラロックは国務院時代の一九六二年に「ラロック報告書」と呼ばれる、四三三ページにもわたる社会保障の制度に関する文献を出版したのである。不幸にして世界的にはイギリスの

ピエール・ラロック

「ベヴァリッジ報告」ほどの影響力はなかったが、この報告書はフランス社会保障の真髄を知る上で重要なので、ここで少し検討しておこう。

「ラロック報告書」に関しては、加藤（一九九五）、藤井・塩野谷（一九九九）で紹介されているのでそれらを参照した。

フランス社会保障の特色

フランスの社会保障制度の特色に関しては、他の先進国との比較からすると、次のいくつかがユニークな特色となる。

第一に、福祉の提供者として企業の役割が突出して高い。これはフランスの福祉、社会保障が企業における労使関係を重視する伝統から生じた特色で、経営側は従業員の福祉の供給に格別の関心を寄せてきたからである。例えば、医療、年金、労災といった諸制度を労使で合意してつくり、相互扶助の精神を持っていたのである。この労使による福祉の事業は、一つの企業内にとどまらず、同一産業に属する企業群が共同で福祉制度を管理・運営することもあった。

企業がこのように福祉、社会保障に積極的に関与しているのは、それらの事業を管理・運営する姿に加えて、財政的にも大きく貢献している姿によっても確認できる。図7－8を参照していただきたい。この図は主要な資本主義国において、企業と労働者の支払う総社会保険料が人件費に占める割合と、社会保険料の企業負担と労働者負担の比率割合を示したものである。

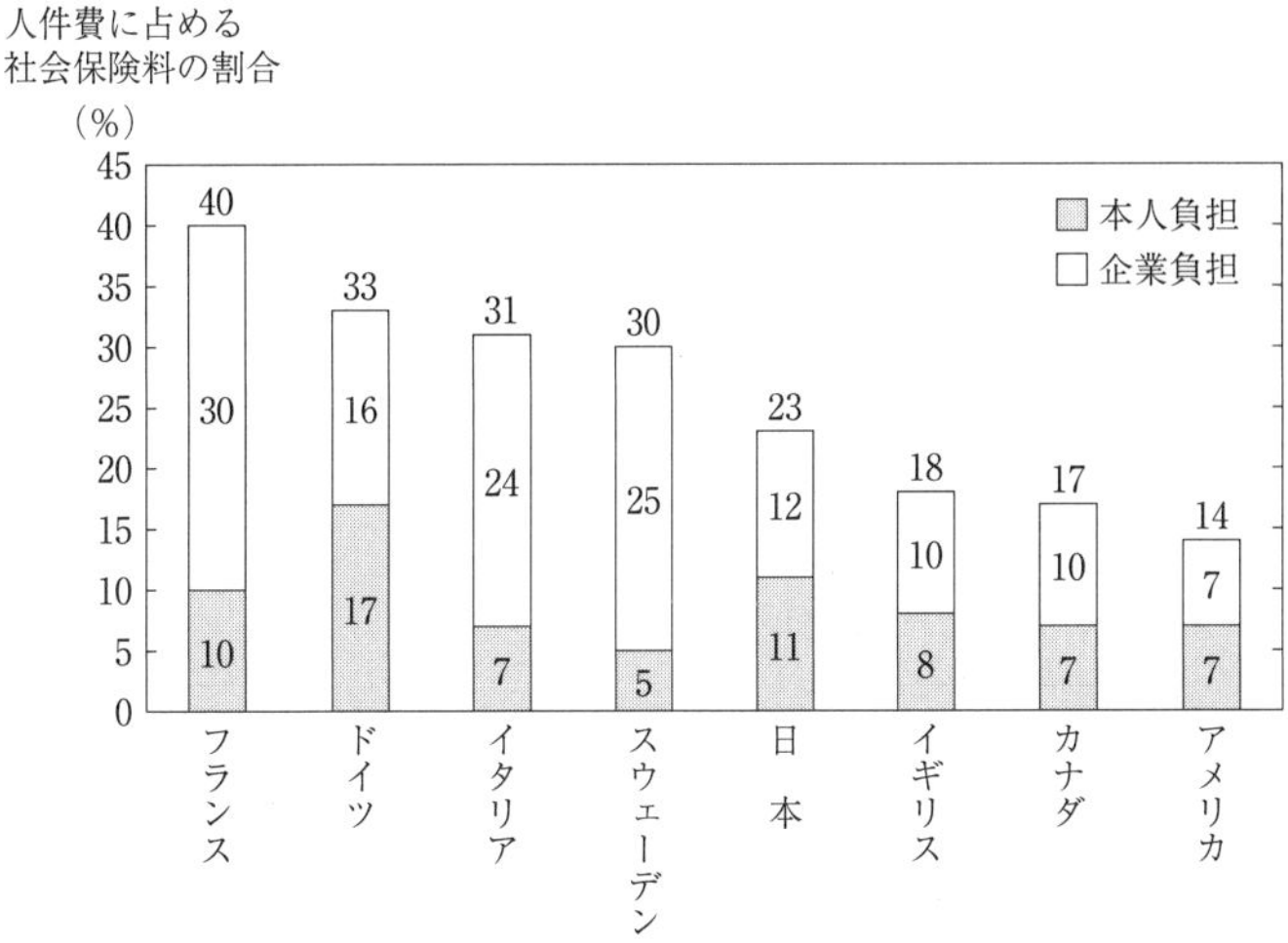

図7-8　人件費に占める社会保険料の割合の国際比較

出所：伊東雅之（2009）「社会保険料事業主負担」『国立国会図書館　調査と情報』第652号。

ここからフランスに関して二つの特色を主張できる。第一は、企業が労働者に支払う人件費、あるいは労働費用に占める割合において、フランスは四〇％と他の国よりもはるかに高い社会保険料の比率である。残りの六〇％が賃金での支払いと理解してよい。しかも保険料の七五％を企業が負担している。フランスの企業がいかに従業員なり労働者に福祉として貢献しようとしている姿勢が読みとれるが、労働者側からすると賃金での受領を希望する人もいるだろうから、保険料比率の高さは正しいこととして一概に評価できない。

もっとも経済学の世界では「帰着の問題」というのがあって、社会保険料の企業負担分を実質的に誰が負担しているのか、という問題がある。純粋に企業が負担している説、労働者の賃金支払いの肩代わり説、あるいは消費者が負担している説と、三様の解釈がある。フランスにおける社会保険料の実質的な負担者が誰であるのか、明確な情報がないので確実なことは言えない。しかし他国における断片的な研究成果によると、労働者（すなわち賃金肩代わり説）と企業の負担というのがほぼ半々で貢献しているというのが定説なので、フランスでも多分そうであろう。そうであるなら、フランスの社会保険料の企業負担分のかなりの割合（すなわち五〇％以上）は企業負担とみなしてよく、冒頭で述べたフランスの企業が従業員や労働者の福祉の提供にかなり熱心であるという主張はかなりの説得力がある。

第二に、ではフランス企業がなぜ福祉に熱心であるかを問えば、そこには労働組合の強いことを無視できない。フランスの政治では社会党が政権を担当していた時期があったし、一昔前であれば共産党も相当支持率の高い時代があった。そうすると企業側としては、強い労働者への懐柔策として、ドイツのビスマルクが採用したように、従業員の福祉充実に熱心であったと理解できる。

これに関しては、フランスでは既に述べたように企業側と労働側が自主的に福祉事業を企画・運営する伝統があったことも関係したと記憶しておきたい。従業員のためになることであるのなら、企業は積極的にせよ消極的にせよ、福祉の提供に協力の姿勢をとったのである。

第三に、では労使が自主的に福祉に関与する姿勢と程度が強ければ、公的部門、ないし政府の役割はどうであったのか、ということに関心が残る。これに対する解答は、福祉提供において政府の役割は小さいのがフランスの特色である。それは二つの方向から確認できる。

一つ目は国の制定する法律による縛りが弱い特色がある。すなわち、民間部門が自由度の高い福祉

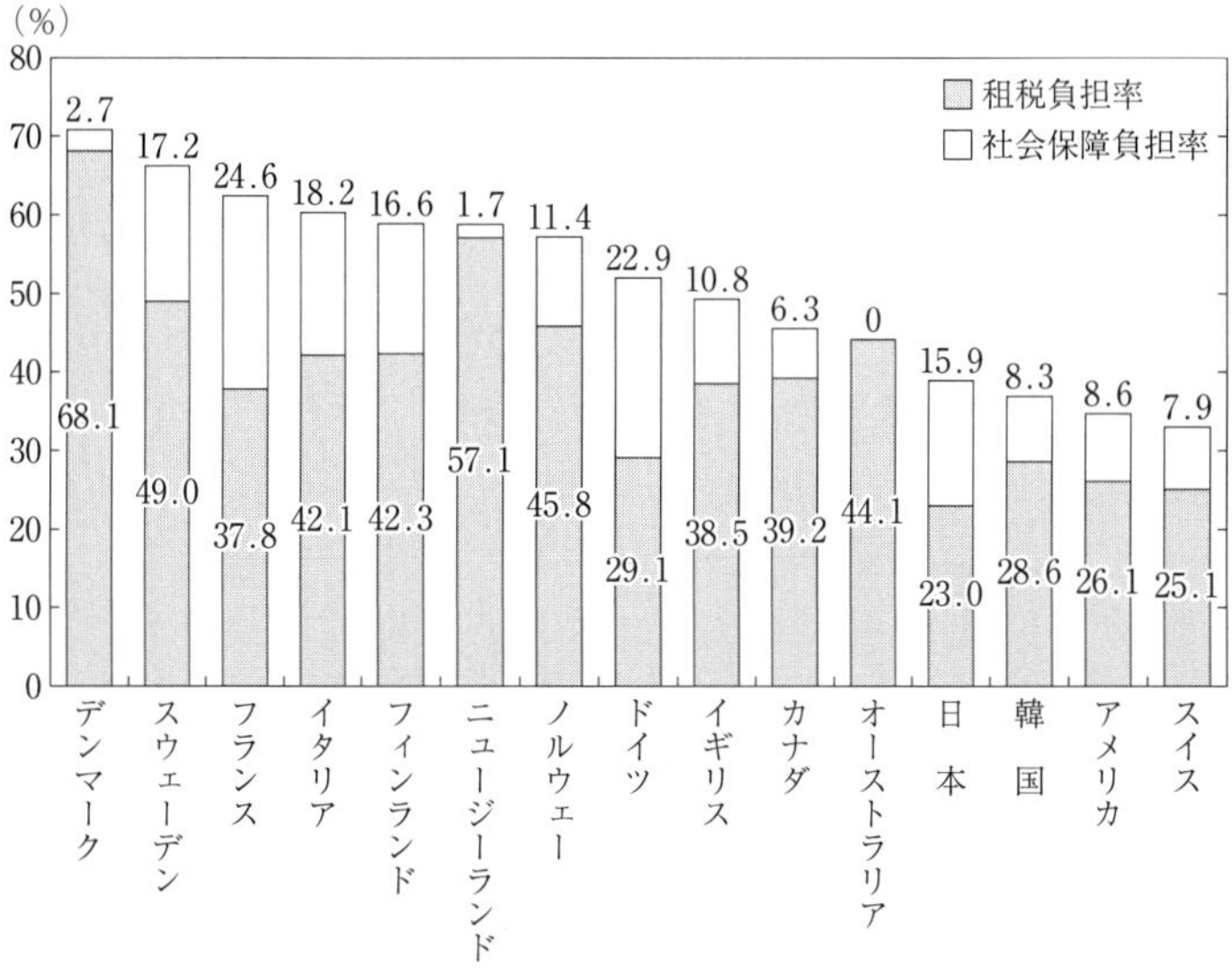

図7－9　世界各国の社会保障負担率と租税負担率（2006年）

出所：OECD "National Accounts".

事業を行っているのがフランスである。二つ目は、国家が税金を投入して福祉給付に寄与する割合が小さいことがある。図7－9が示すように、先進諸国の中でフランスの国民負担率に占める租税負担率は、主要西欧諸国に限定すれば三七・八％と、ドイツの二九・一％に次ぐ低さである。国家の税収投入額が低いので、国家が国民への福祉に提供する量はかなり限定されている、と主張できる。

フランス社会保障の問題点

フランス社会保障制度の特色は、企業や労働組合の自主性に立脚した企業別、ないし産業別や職業別に組織された福祉の提供にあることと、政府の関与が質・量ともに小さいということにある。税収入を財源に用い、制度も国家が企画・運営する唯一の年金、医療、介護といった福祉制度をもつ北欧諸国（典型としてはデンマーク）とは好対照である。

唯一の制度でないのなら、制度の乱立というのが当然の帰結となる。企業別、産業別、職業別にいろいろな制度が存在しているのであるから、制度によって福祉サービスの程度の違いや、保険料の負担率も人によって異なるということが自然に発生することは避けられない。日本を例にすれば、健康保険制度における大企業向けの組合健保と中小企業向けの協会けんぽ（以前は政府管掌保険）による、保険料負担と福祉のサービス提供の程度が異なるのであるが、フランスの場合には制度の乱立が日本より激しいので、個別の制度による違いが日本より深刻なのである。簡単に言えば、恵まれた制度にいる人とそうでない人の差が激しいのである。これはフランスの格差問題の一つとなっている。

なぜ制度の乱立が福祉に格差を生じさせるかは、単純な論理で説明できる。第一に、各種各様の制度が存在するのであるから、恵まれた制度からそうでない制度までいろいろ存在しうる。前者は高い給付を受けられるが後者は低い給付しか受けられないので、格差が生じる。第二に、保険料で負担をするということは、賃金・所得の高い人は高い保険料を払うので給付も高くなるが、低い賃金・所得の人は低い保険料しか払えないので、給付も低くなる。これは福祉における格差発生の要因となる。

日本では制度の乱立を解消するため、代表的には民間企業で働く人と公務員の人の加入する制度を統一する方向にあるが、フランスにおいては今のところは制度を統一の方向にもっていこうとする声はそう強くない。

むしろフランスで試みられている政策は、福祉の財源を保険料だけではなく、税収の投入比率を高める、あるいは保険料から租税代替化（fiscalisation）という方向にある。すなわち、赤字の深刻な制度には税金投入額を増やして収入を確保するとか、保険料そのものの負担を税収で代替えするという案である。この租税代替化の直接のメリットは、財政基盤の弱い個々の制度を強くする案なので、サービスの程度が低い制度の質をよくするのにつながり、フランス流の格差社会の是正に役立つと考えられる。好ましい制度の改革案の一つである。

実はこの租税代替案は多くの先進国で見られる社会保障制度の改革の姿である、わかりやすい例を日本に関して示せば、公的年金制度における基礎年金での給付の財源において、従来であれば税金投入比率が三分の一だけだったのを、二分の一に増加したのであるが、これは正にfiscalisationの典型である。先進国の多くで少子・高齢化の進展する中、保険料収入の減少が進行中なので、租税でそれを補うというのも別の理由となっている。

図7-9で示されたように、フランスの社会保障制度は政府の提供する総量で評価すれば、デンマークやスウェーデンといった北欧諸国の福祉国家並みの高い保険料と保険給付の水準にある。しかし問題は制度の乱立に起因する、そして財政運営が保険料方式でなされていることは、人々の間で福祉で受けるサービスの程度に差の大きいことがある。いわば福祉における格差問題と言ってよい。

フランスのみならず資本主義全般に関して格差問題を訴えたピケティ（二〇一四、二〇一六）は社会保障制度が格差を生む要因の一つになっていることは、ほとんどふれられていない。そこで本章ではそれを補うために、フランス社会保障の父をされるピエール・ラロックのことを含めて、フランス社会保障制度について論じてみた。

まとめてみよう。フランス経済や福祉制度はイギリスやアメリカほどの注目を浴びていないので、本章でそのギャップを埋める目的であった。一言で述べるのなら、福祉の世界では制度の乱立が激しいこと、政府が財源として税収を投入する割合が低いということであった。しかし最近になって税収投入は増加の傾向にある。

本章ではピケティの格差論を取り上げた。フランスの経済学者の仕事が世界的な注目を浴びたからである。しかもその成果が、資本主義経済の宿命として富裕層はますます富裕化する理論と、二〇カ国の実証でその理論が確かめられたので、あえて本章で議論した。

第Ⅲ部　日本の福祉制度と政治・学問

第8章　日本の福祉とその推進者
——日本における福祉の元祖

1　戦前日本の福祉制度

細々としたものにすぎない

日本の福祉制度、あるいは社会保障制度を話題にすれば、大きなことを論じることは不可能である。福祉、それを年金、医療、介護、失業、生活保護などで代表させれば、政府が担当する年金、医療に関しては、戦前ではほんの少ししか提供されておらず、介護、失業に関しては制度すらなかった。生活保護制度のみが存在していたといっても過言ではないが、この制度すら水準からするとかなり低かったのである。戦前の福祉、社会保障制度は細々としたものにすぎなかった、と結論づけてよい。

なぜそうであったかといえば、福祉の提供は家族の間でなされるべきとの信念が強かったので、政府なり第三者が福祉の担い手となるべしとの発想はほとんどなかった。例を挙げればわかりやすい。

第一に、年老いた親の生活は子ども（特に長男）の経済支援によってなされていた。それを実行する手段としては三世代住居（老親、親、子ども）が一般的だったので、老親は同居している成人した子どもに食べさせてもらっていた。同居をしていなくとも送金などで老親の経済支援を行っていたのである。もっとも所得や資産の高い老親は自立していたが、その数はかなり少なかった。

第二に、老親が病気や要介護になったとき、誰が看護・介護をするかといえば、親族がその役割を担っていたのであり、特に医療費の経済負担をしていた。医療保険制度はまだ未発展だったので、その費用は家族によって負担されていた。深刻な病気であれば病院に入院ということもあったが、その費用も本人ないし家族が負担していたのである。とはいえ看護・介護は病院や介護施設ではなく、主として自宅でなされたのである。

第三に、家族の間による福祉の担い手という発想は、明治政府が戸籍法を制定して、「家制度」あるいは「家父長制」を日本社会や家族の規範として明文化したことに由来するし、現に人々も家族の間で福祉の提供をすることにそれほどの抵抗感はなかった。というか、家族しかする人がなかった、というのが正しい解釈であろう。

第四に、では家族は福祉の担い手として心身ともに苦労していたかと問われれば、確かにそれを否定はできないが、それは想像するほど過酷なことではなかった。二つの理由がある。まずは、人々の間で家族の役割という認識があったので、半ば義務感と思っておれば苦痛も多少は和らいでいたと想像できる。次は、当時の平均寿命は四〇代、五〇代だったので、高齢者でいる年数が短く、経済支援・看護・介護に必要な年数が意外なことに短期間だった。そうすると苦労もそれほど長期間続かなかったと理解してよい。

明治・大正・昭和前期の福祉

ヨーロッパの福祉の源泉をたどると、キリスト教の博愛精神がその思想の出発点になっている。そうすると日本における宗教が日本人の福祉思想の形成に役立ったのか、あるいは役立っていないのかということを、少し考えておこう。

言うまでもなく日本人の大多数が信じる宗教は仏教である。現代では仏教徒と宣言する人が多いが、どれほど熱心な信徒かと問われれば、名目上の信徒にすぎないと答える人が多い。戦争前であれば現代以上に熱心な信徒の数がいたのであるが、それでも仏教が人生や生活のすべてを統治していたわけではない。仏教は親鸞の「慈悲」という言葉で代表されるように、不幸な人を憐れみ、同情することによってその苦しみを和らげるようにする必要があると説く。しかしそれが成功できるときばかりではないので、そのときはひたすら念仏を唱えて、仏の許しを請うように勧めている。人はいくら努力しても、あるいは他人が助けても、病気、老化、死亡からは逃れられないので、人には諦めも必要であると説く。この教えを仏教の真髄とみなすなら、福祉を重視する思想が仏教にはない、と言える可能性がある。

日本では儒教信者と名乗る人は皆無に近いが、日本人の思想形成や行動様式に影響を与えた程度でいえば、仏教に勝るとも劣らないほどのものがあった。それは親子間、男女間、老若間、上司・部下間、先生・生徒間において、下にいる者は上を尊敬して命令に服従といった主従関係を重視する。そしてお互いに助け合うことを説く。これを「仁政」と称してもよい。もっとも「仁政」では具体的に何をせよ、とまでは説いていないので、儒教において福祉に関することはやや曖昧である。でも結論として、第三者、例えば政府が福祉に関与する余地を大きいとは見ていない。

以上、仏教と儒教の教えを福祉という観点から評価すると、為政者がどうすべきとまで説いておらず、従って政府の福祉政策、ないし社会保障政策の必要性まで主張していない。むしろ家族や身内の間での福祉の提供が自然の姿である、と暗黙の了解としていると考えてよい。

宗教のことはこの程度にしておいて、明治時代のことを論じておこう。この時期は明治維新によって日本が一応の近代化に成功し、その後の富国強兵、殖産興業策によって日本の資本主義は発展して国民はそれなりに豊かな道に進む。この間に社会福祉が進んだかと問われれば、基本的には「NO」であるが、まったくの「ゼロ」ではなく、少しは進んだのである。その歴史を概観しておこう。

日本で最初に福祉の恩恵を受けたのは公務員であった。恩給と呼ばれるようになる年金制度や官僚・役人への死傷手当などが、一八七五（明治八）年につくられた。ここで強調すべきは、民間人ではなくて軍人・公務員に最初の福祉政策が施行されたことである。日本は社会・経済発展のために官僚・役人の役割を重視したし、強兵策のために軍人を優遇する目的があったわけで、明治期における日本の姿勢を如実に物語っている。そしてそれを決定・実行したのも政府のトップという指導層だったので、あえて皮肉を言えば、自分たちの利益を最初に考えたと言えるかもしれない。

明治時代に深刻な社会問題は貧困であった。経済は多少は発展したとはいえ、まだ発展途上国にすぎなかった。明治政府による日本で最初の救貧対策は、一八七四（明治七）年の恤救《じゅっきゅう》規則である。この救貧法は江戸幕府時代にいくつかの藩で施行されていた救済法を、明治維新新政府が受け継いだものである。

この恤救規則の適用を受ける貧困者の数は非常に限られていたし、公的支援を受ける前に、家族や地域の共同体でお互いに助け合うことが条件になっていたのである。いわば国が現代の生活保護制度のように広範囲な財政支出をするのではなく、どうしても家族や共同体で支援できないような高齢者（七〇歳以上）、傷病者、子どもなどの貧困者に限定していたのである。しかも明治初期の恤救率は一〇〇〇人あたり〇・四人という非常に低い救済率であった。現代の救済率は、生活保護制度において一〇〇〇人あたり一一・八人である。とはいえこの明治初期におけるまずは家族などの共同体で支援せよ、という条件は、現代における生活保護制度の中でも生きていることを強調したい。あるいは明治期における共同体というのは、真先に家族がその代表であると認識されていたと言ってよい。

日本で最初に社会保険が成立したのは、一九二二（大正一一）年の健康保険法である。次に説明するように、この健康保険法が成立する以前に、いくつかの私企業において、例えば鐘紡（鐘淵紡績、現カネボウ株式会社）などのように共済組合タイプの健康保険、年金保険などが存在していたので、この企業における前史が国の保健法の成立に役立ったことは確実である。官業での共済保険も同様の前史があったのである。さらに政治の世界においても、次に説明する後藤新平などによって国家による健康保険法案が提出されてきたが、国会で否決され続けた歴史がある。すなわち、一九二二年の健康保険法は難産の末の成立だったのである。

法律の主たる内容は、工場法・鉱業法の適用される工場・事業所で働く常用労働者か、年収一二〇〇円以下の職員が、強制的に加入する保険である。疾病、負傷、死亡、分娩などに対して、給付を行うものである。保険料は事業主と従業員の折半であった。

この法律を理解するとき、現代の視点に立ってもっとも重要なことは、大企業用の組合健康保険と中小企業用の協会けんぽの二頭立てが、この時期に成立したことである。なぜ大企業と中小企業で加入する保険制度が異なるかといえば、両者の間で賃金格差や企業の保険料支払い能力に格差があること、さらに両者の間で従業員の離職率に違いあることから、保険制度の管理・運営上で差が生じるからである。一方は一つの大企業による独自の運営が可能であるが、他方は多くの中・小企業をまとめて政府が運営するのが効率的と判断されるからである。それ以降ほぼ一〇〇年近く、組合健保と協会けんぽの二頭立てで健康保険が運営されてきたことは、驚異であるとさえ言えるだろう。

ここで昭和初期（戦争前と戦争中を含む）の社会保険制度を簡単に概観しておこう。

まず失業保険制度であるが、第一次世界大戦後に日本経済は不況に陥り、失業者が多くなった。ヨーロッパでは既に失業保険制度が導入された国があったし、労働運動や社会主義の思想が日本にも芽生えていたが、失業保険制度は戦前・戦中で導入されたことはなかった。国会で大正期に二度も法案が提出されたが、成立することはなかった。まだまだ社会保険制度の意義が社会で認識されていなかったことに加えて、経営者側の反対が強かったことが未成立の理由であった。経営側の反対の根拠は、まがりなりにも解雇手当や退職手当制度があるので、それらが失業給付の代替をしているとの判断を、経営側がもっていたことが大きい。

日本の社会保険制度を理解する上では、むしろ戦争直前や戦争中の出来事の方が大きいので、そのことを記述しておこう。

第二次世界大戦に突入する前であるが、二つの保険制度が一九三九（昭和一四）年に成立した。それは職員健康保険と船員保険である。前年に国民健康保険法が制定されて、新しく農民や自営業者などの加入する疾病保険ができたのであるが、職員健康保険はさらに給料生活者（俗にいうサラリーマン）と商店使用人などの加入する制度である。いわゆるブルー・カラー労働者とホワイト・カラー労働者の間で身分差があったので、健康保険制度においても職業で区別する必要があったのである。船員保険は文字通り船員のための保険である。

これらの保険の成立により、国民の各階層が疾病保険に加入することになったので、医療に関しては職業人にほぼ限定すればほぼ皆保険が戦争直前に達成された。しかし、家族がどれだけ保険でカバーされていたかは制度によってまちまちだし、無業の人はまだ必ずしもカバーされなかったので、国民皆保険というまでには至らなかった。

船員保険で注目すべきことは、これまでの健康保険制度は医療のみが保険の対象であったが、老齢年金が船員保険法の中に組み入れられたことである。この船員保険制度における老齢年金の存在が、第二次世界大戦中に今度は陸上の労働者にも老齢年金を準備せねばならない動機を与えることになった。

船員保険に老齢年金が含まれるのなら、他の職業にも老齢年金を準備するという口実の下、労働者年金が登場することになる。佐口（一九七七）によると戦前の一九三九（昭和一四）年の一一月に小原直厚生大臣が労務管理調査委員会に諮問して、労働力維持策の策定を求めた。一九四〇年には答申として年金制度の樹立を建議した。労働力確保の目的もさることながら、年金保険料の徴収による戦費調達と政府収入増の意図が見えるというのは筆者のうがった見方であろうか。同年一〇月には保険制度調査会に「労働者年金保険制度案要綱」が諮問され、一二月には可決される。翌年ついには衆議院と貴族院で可決されて、労働者年金保険法は成立した。

なぜこのように詳しく国会の審議過程を述べてきたかと言えば、比較的短期間の間に労働者年金制度法が成立したことに驚くからである。老齢年金というのは一人の人が保険料を払い始めてから、年金給付が終了（すなわち死亡）するまでの期間が三〇～五〇年と長期間という特質があるので、制度のあり方、すなわち保険料・給付額や財政運営方法など、かなり複雑なことを決めねばならない。それなのにこんなに短期間で決めてよいのかという疑問がある。換言すれば保険料を徴収することに最大の目的をおいただけで、給付のことは先のことなので、今はさほど考慮しなくてよい、と判断したと考えても不思議はない。

現に佐口（一九七七）が強調するように、この年金保険法の表面上の目的が資本主義の下での生産増強と労働者確保にあると主張されていることから、日本経済を強くすることをねらっていたと言える。戦時下なので生産力増強は必要なことなのである。確かに法律文の中には戦力増強とか国防体制のために年金保険を設けるとは述べていないが、結果としてこの年金制度が戦力確保のための財源調達に大きく寄与したことは明らかである。それを証明する談話が、当時の厚生次官の児玉政介や大蔵省主計官の中尾博之によって、次のように語られている。

「当時しみじみ感じた事は給付が殆どない、厖大な歳入金だけが入ってくる」。

「当時の国民への提案は何でも戦力増強とか国防国家体制の確立ということを言えば（法の成立に）問題は生じない」。

この言葉は正に政府は年金保険料の徴収によって財源を大きく確保できるし、軍事支出を大幅に増額できることを、官僚、そして背後の政治家や軍指導者が認めているということである。このことから佐口卓は戦費調達のために労働者年金保険制度を創設したと主張しているし、筆者もこの説に賛成である。少なくとも年金の積立金は将来の年金給付用に備えたものではないと言える。しかも戦時中に蓄積された年金積立金は、戦後の高いインフレによって実質的な価値がゼロとなってしまったのである。国民は政府によって騙されたといっても過言ではない。

労働者年金保険は一九四四（昭和一九）年に厚生年金保険と改称された。これが今日の制度の起源である。しかし戦争などという非常時にあっては、福祉制度（日本では年金制度）が国家の目的に悪用されたという悪い歴史が日本にはある。

2　後藤新平、武藤山治、そして福田徳三

社会保険の基礎——後藤新平

後藤新平（一八五七～一九二九）と武藤山治の二人は明治時代の健康保険、あるいは社会保険の基礎づくりに貢献した人なので、とても重要な人物である。後藤新平は官僚、政治家だったのに対し、武藤山治は人生後半で政治家になったが、基本的には民間人で企業経営者だった。二人の福祉に対する取り組みの方法はかなり異なっていたので、両者の対比に注目することも興味深い。後藤新平については、星（二〇〇五）、笠原・小島（二〇一一）から知りえた。

後藤新平は奥州・水沢藩の藩士の子として生まれ、福島県の須賀川にある医学校で学んで、二〇歳で医師となる。二五歳で愛知県病院長と同医学校長となるので、若い時から頭抜けた能力と指導力を世に示したのである。後藤はその後内務省の役人となり、当時の衛生局長であった長与専斎の薫陶を受け、伝染病、公衆衛生、国民生活などの仕事に従事した。転機は一八九〇（明治二三）年のドイツ留学で訪れる。当時の医学界の留学先として医学の先端を走っていたドイツの人気は高く、相前後して北里柴三郎や森鷗外もドイツに留学していることから、将来のエリート街道は約束されていたのである。しかも当時のドイツは、第3章で述べたようにビスマルクによる社会保険制度が定着しつつあ

った頃なので、後藤は現地のドイツで社会保険制度を目の当たりに見るよい経験をした。このことが後藤の思想に大きな影響を与えたことは間違いない。

帰国後の彼の人生は華麗そのもので、就いた仕事を列挙するだけで十分である。台湾総督府民政局長、南満州鉄道総裁、第二次桂太郎内閣の逓信大臣兼鉄道院総裁、寺内正毅内閣の内務大臣と外務大臣、東京市長、第二次山本権兵衛内閣の内務大臣、などである。ならなかったのは内閣総理大臣だけというほどの公務、政治家としての大物ぶりであった。

後藤はそれこそいろいろな分野で活躍したが、もっとも際立った分野は次の三つである。すなわち、①関東大震災での復興計画、②ソビエトなどとの外交政策、そして③社会保険制度への熱意である。

後藤新平

③は後に述べるとして、①は弱者なり敗者対策なので本書と関係があり、少しだけ述べてみる。

第二次山本内閣は関東大震災（一九二三〔大正一二〕年九月一日発生）直後に成立し、後藤はその内務大臣兼帝都復興院総裁として、直接の復興計画の立案に関与した。「大風呂敷」と呼ばれたこともある後藤は一三億円という巨額の予算を提唱したが、当時の国家予算と同額ほどの支出は無理で、結局は六億円弱に縮小された。

無数の家屋が倒壊、焼失した東京をどう再興するのか、道路、橋、学校、ガス、水道などの諸設備の再建も含めての都市再興策の実施には難題が多かった。例えば当時の国内政治の不安定（与野党の対立）、皇太子暗殺計画に端を発した虎ノ門事件による内閣交代などがあり、後藤が陣頭指揮をとることはできなくなった。しかも復興院は内務省の外局としての復興局として格下げされたし、内部で汚職事件なども発生して混乱のあったことも響いて復興は計画通り進まなかった。とはいえ後藤はその後東京市長になったので、続行は可能であった。

どのように具体的に進んだかといえば、次のようにまとめられよう。それは震災で被害を受けたおよそ一一〇〇万坪の土地を「土地区画整理事業」として推進し、密集した住宅地域を一掃して、幅四メートル以上の生活道路や現在でも使われている幹線道路（例えば内堀通り、靖国通り、昭和通りなど）を整備したのである。

ここで興味のある事実は、フランスでは一九世紀半ばにナポレオン三世がオスマンに命じてパリ大改造を行ったが、後藤はこれを見習って東京を大改造しようとしたことである。何十年も前にパリを見たことのある人は、道路と住宅（六〜七階だけの高層ビル）が見事に幾何学的に整備されていたことを知ることができたが、後藤がこれを念頭においたことは、若い頃のドイツ留学時にパリをも訪れた記憶があるとみなせる。もっとも最近のパリは当時建設されたビルも劣化した結果、建て直しが進行して、旧来の美しく統一された道路と住居の姿が消えつつある。

パリでオスマンが実行した都市計画が東京でなされなかった最大の理由は、土地の収用がうまく進まなかったことによる。パリでは土地の収用がかなり強制的になされる法律があったが、日本では土地私有の原則が強かったので、都市整備計画の実行に際して土地の収用がなかなか進まなかったのである。

後藤新平は相当の苦労をしたとはいえ、関東大震災によって大被害を蒙った東京の復興に理想通りにはいかなかった。しかしかなりの貢献をしたことは率直に認めてよいと判断される。

後藤新平が本書との関連で重要なのは、明治時代に恤救制度と健康保険制度をつくろうとしたことである。一八九五（明治二八）年に後藤が衛生局長だったときに、時の首相・伊藤博文に「明治恤救基金案」という建白書を提出して、失業した軍人の生活支援策、そして健康保護を訴えた。さらに「恤救法」と「救貧税法」の二つを建白し、六〇歳以上の老人や一二歳以下の子どもの貧困者や、二週間以上仕事のない失業者の救済を、国民から税を徴収して実行すべしとした。これらはすべて国会で議論すらされずに葬り去られた。しかし後藤新平が今日でいう生活保護制度を、明治時代において既に念頭においていたことは特筆されてよい。

もう一つ後藤新平が熱心だったのは、健康保険法の制定である。後藤に好意的だった伊藤博文が再び内閣を組織したので、衛生制度に関する建白書を再び提出して、帝国施療病院（国立病院を連想すればよい）の設立と、労働者疾病保険法案の制定を提案した。特に後者が重要で、現在の健康保険法案の原型を後藤が既に頭に描いていたのである。例えば、余裕のある企業は独自で健康保険制度をつくってよいとか、余裕のない企業は企業が連合して健康保険制度をつくることを主張している。この考え方は、一九二二（大正一一）年にやっと制定された国民健康法の内容の先駆けとみなしてよい。すなわち、前者は今日での大企業における健康保険組合であり、後者は中・小企業における協会けんぽに対応するからである。

一八九八（明治三一）年にこの法案は、後藤が台湾の民政局長に転出させられた後、後任の衛生局長になっていた長谷川泰によって立案され、国会に諮問されたが、あえなく否決された。日本の社会はまだ健康保険などといった、社会保険制度を導入する時代ではなかったのである。

ここで後藤新平における福祉と社会保険に関する成果の評価をしておこう。これまで述べたように、後藤は官僚として幹部になってから、日本でも貧困救済策や健康保険法の制定の必要性を感じて、立法化に努めたのであるが、ことごとく失敗の歴史であった。彼のこれらの試みは、若い頃にドイツ留学をしてビスマルク主導による社会保険の成立を見たことと、それを学問的に推進したいわゆる社会政策学の知識があったことによって、日本でもそれが必要であると判断したに違いない、ということを再び強調しておこう。

なぜ失敗したのか、それへの解答は容易である。一言でまとめれば、「日本はまだその時代に達していなかった」ということになる。具体的に述べれば次のようになる。第一に、明治時代の日本はやっと維新の改革を終えて市民国家になったばかりであるし、旧態依然の社会と思想の中にいたので、福祉のことはまだ念頭になかった。

第二に、具体的には既に述べてきたように、福祉は家族、親類の間でなされるべきであるとの規範が強かったことによる。高齢者の生活支援、看護、介護、子育てなどは家族によってなされるべきで、家族の絆が大切であると考えられていた。

第三に、日本が近代化を達成するには、まずは政府の役割として教育、医療、官僚、産業、軍事などの分野を強くすることが肝心であると考えられていたし、福祉に政府が関与するという発想はまだ国民の間、そして指導者の間でも芽生えていなかった。すなわち経済と国力を強くすることが第一の優先順位だったのである。

では後藤新平は時代の要請を見違えて、むなしい努力しかしなかった夢想家にすぎなかったのか、と問われれば答えは「ＮＯ」である。むしろ時代の先端を行っていて、将来の予想をしすぎて、将来的には福祉の充実が必要であるとの見方をやや先走って実行しようとしたところに無理があった。でも法案を提出して貧困者救済や健康保険制度の創設を目論んで、世間と社会に問題提起をしたことに後藤の価値があった、というのが筆者の解釈である。後藤の問題提起と法案提出があったときから数十年後にこれらの法案が成立した歴史を知るにつけ、後藤の先見の明は確実であったと言えるのである。

企業内福祉——武藤山治

次は武藤山治《さんじ》（一八六七〜一九三四）を論じてみよう。彼の人生については山本（二〇一三）を参照した。武藤は美濃の国で生まれたが、当時は尾張藩の領地だったので尾張の人とみなしてよい。代々が庄屋だったので恵まれた家系に育ったといってよい。子どものときから才覚を発揮し、福沢諭吉の『西洋事情』に感銘を受け、慶應義塾に入学する。さらにアメリカ留学を三年間も経験し、それこそ西洋事情を学んで日本の今後への参考とするところは多かった。

帰国後はジャーナリストとなるが、しばらくして三井銀行に入社する。三井銀行で当時の幹部とともに三井財閥の改革に取り組んだことが功を奏して認められ、鐘紡に派遣される。鐘紡では欧米から新技術や新設備を導入して生産性を上げることに成功し、経営者としての才能を発揮したのである。いろいろな経営上の争いもあったが、結局は社長にまで昇りつめて経営者となったのである。

鐘紡で経営に携わるようになってから、一九〇五（明治三八）年に鐘紡共済組合をつくって、従業員の福祉に取り組む。疾病、傷害、年金、それに死亡時などに対応する保険制度を企業内で準備したのである。当時はまだ国による法律に基づいた社会保険は存在していないので、企業内福祉の先駆けとみなせる。同時に武藤は従業員のために社宅や独身寮をつくったり、診療所を用意したりして、住宅問題や健康問題にも注意を向け、今でいう企業福祉の先駆けとなった。

ここで重要なことは、武藤山治がなぜこのような制度を鐘紡に導入しようとしたかという点である。武藤がドイツのクルップ社の福祉制度に関する文献を読んで参考にした、という叙述が近藤（一九七四）にある。クルップ社は早い時代の企業福祉の例として価値ある企業である。後藤新平もドイツ留学中にビスマルクの社会保険を勉強して、それを日本で適用できないか努力した。武藤、後藤両人のことから、日本は官民あげてドイツに学ぼうとした歴史的経緯があると言ってよい。その伝統が今日まで続いており、日本の介護保険制度はドイツの介護保険制度を大いに参考したことは記憶に新しい。
武藤の人生ですごいのは、一九二四（大正一三）年に鐘紡の経営者をしながら、政界に進出したことにある。自由経済を主義とする実業界の権益を守るために「実業同志会」を結成して、衆議院選挙で当選したのである。何年かの政治生活を送ってから、次の職業は時事新報社に入社して、言論界に身を置くことになる。財界、官界などに漂う黒い話題を報道することで恨みを買い、凶弾に倒れることとなり六七歳で死亡した。

武藤山治

留学、ジャーナリスト、実業界、政界、言論界とそれこそ八面六臂の活躍であったが、本書の関心からすると、鐘紡における博愛主義的で家族主義的な資本主義経営がもっとも高い関心を呼ぶことになる。特に既に述べた後藤新平との対比が興味深い。

武藤山治と後藤新平の間には異なった福祉思想と政策のあることを考えてみたい。特に武藤山治が福祉に熱心だったのは、自己の家族主義的な経営思想を信じていたからであり、その思想は自分の企業だけで実施されれば十分と考えたのではないか、というのが筆者の思いである。この思想は南ヨーロッパのイタリアで、クリストフォロ・クレスピが一九世紀後半に労働者の理想郷を追求するために、労働者にとって恵まれた労働環境を提供するような綿紡績工場をつくったことと相通じるところがある。一部の経営者は人道主義に立脚して、労働者の福祉に熱心だったのである。

しかし武藤山治はこのような博愛主義者であったが、後の政治家としての活動からわかるように、自由経済を信じる経営者でもあったので、福利厚生は自分の企業で与えるだけで十分であり、国家が強制的にすべての企業で疾病、年金などの社会保険を実施する案には、強硬に反対したのである。武藤の胸の内を筆者なりに察すれば、国家が中心になって社会保険法を制定するような方法は、自由経済なり資本主義を否定するような国家社会主義への道につながる恐れがあると感じたのではないだろうか。さらに、これは想像の域を出ないが、鐘紡で行き届いた福祉を提供することによって、鐘紡の社員が高い勤労意欲をもって働いてくれることを期待して、あわよくば他社との競争に勝つ目的のあったことも否定できない。まとめれば、武藤山治に博愛主義は確かにあったが、背後に冷徹な経営管理思想もあったのである。

なぜこのような判断をするかと言えば、もし武藤が家族主義的経営、ないし理想に燃えた博愛主義のみに忠実であるなら、他の企業においても彼が自社で導入した福祉制度がおよぶように、国家主導による社会保険制度の導入に強硬に反対しないのが自然ではないかと、想像するからである。武藤山治は自由主義を信じる経営者なので、他の企業にまで自己の経営思想を押しつけることになりかねないような、社会保険制度を好まなかったことはよく理解できるが、自己の企業の優位さを得ようとして鐘紡の福祉制度を充実したい気も頭の隅にあったというのが筆者の解釈である。

ドイツ流の社会政策——福田徳三

日本の経済学、そして福祉のことを扱う社会政策論において、戦前を代表する人が福田徳三（一八七四〜一九三〇）であることに異議を唱える人はさほどいないと思われる。

生い立ちがややユニークである。父は刀剣商の福田徳兵衛、母は信子という九州の臼杵《うすき》藩の藩士の娘で、東京で生まれ育った。母親の影響が強く、徳三は一二歳のときにキリスト教の洗礼を受けた。さらに母親は徳三が一四歳のときに三八歳の若さで亡くなっているが、興味深いのは、息子への遺言として、「キリスト教の東京神学舎か、商法講習所（現・一橋大学）に進学すべし」と残している点である。前者は信者として当然の選択肢だが、後者は息子が経済的に安定した自立の生活を送るには、商業を学ぶのがよいという意味を秘めている。母親が経済的に苦労したので、息子は生活の糧を得ることのできる学校に、と考えたのである。

遺言をそのまま受け入れたからなのかどうかはわからないが、福田は商法講習所から校名を東京高商に変えていた学校に入学し、上の専攻部まで進学して修了する。東京高商の講師となってから二年後の一八九八（明治三一）年から三年間、ドイツに留学する。そこで第3章で登場したブレンターノに学ぶが、この時に学んだのが歴史学派や社会政策である。その後慶應義塾でしばらく教えてから、また東京高商に戻り、大学に昇格した東京商大でキャリアを終えた。

福田は思想史、歴史学派、社会政策、新古典派経済学に加えて、マルクス経済学の勉強も行う幅の広い経済学者であった。福田は基本的にマルクス学派に染まることはなかった。むしろここでは社会

福田徳三

政策論について述べておこう。福田がドイツに留学したときには、ドイツでは歴史学派の経済学が主流であった。すなわち、イギリスよりも後進資本主義にあるドイツでは、経済の発展は歴史の発展と結びついていると考え、原始時代、牧畜時代、農耕時代、工業時代、商業時代というように発展段階を経ると考えたのである。そして時代が進むにつれて国家の役割は重要となり、いわゆる国民国家論が提唱される。この論理から、ドイツ歴史学派はイギリスの自由貿易論を排し、国家が関税をかけて自国産業の保護を行うことを容認したのである。あるいは労働の分野でも、国家ないし公共部門の役割を重視するのである。

福田の社会政策論の根幹は、大陽寺（一九九七）の主張するように、生存権の立場を鮮明にしたことにある。従来の福祉政策はキリスト教的な博愛主義や慈善運動という発想に依存していたが、「人には生きる権利がある」という思想に立脚して福祉を考えた方がよいという理論を積極的に展開したのである。これが社会政策を生む根本原理であると主張した福田の思想は、後の人々にも大きな影響を与えたのである。

第3章で述べたように、一八七三年のドイツで社会政策学会が設立された。資本主義経済が発展すれば、確かにマルクス主義が主張するように労働者の労働条件が悪くなることは避けられたが、それを是正するには工場法による労働者保護や、医療・労働災害・年金・失業などの社会保険制度の整備による安心の賦与、生活の改善などの政策が必要と主張したのである。ここで重要なことは、必ずしもマルクス主義のような強硬な路線を支持せず、比較的穏健な改良主義を思想の核としていたことに社会政策学会の特色がある。福田徳三はこの社会政策を日本で主張する経済学者の中心人物になったので、ここで取り上げた次第である。すなわち、官僚、経営者の一部、そして労働運動に携わる人の多くが、福田徳三なり社会政策の思想に影響を受けたのである。東大の吉野作造とともに『黎明会』を組織して、大正デモクラシー運動の中心人物だったことからも、影響力の強い人だったことがわかる。

第9章　美濃部亮吉と田中角栄
――「福祉元年」を考える

1　左派と右派の不思議な組み合わせ

この二人の名前を並列すると、多くの人が不思議な組み合わせと思われるであろう。東京都知事と首相という二人とも政治家だったが、美濃部はマルクス経済学者で左派、田中は学者ではないが右派という評価が一般的なので、二人はかなり異なる。しかし一方で二人ともに福祉の充実には熱心で、ともに七〇歳以上の高齢者の医療費を無料にするという政策を導入したことで共通点がある。さらに田中は「福祉元年」とされる年の首相だったのである。どういう経緯でもってこの二人が福祉の充実に向かったのか、がここでの関心である。

既に強調したように、戦前の日本では家族が福祉の担い手である、との思想が強く、かつごく一部の博愛主義に立脚した企業での福祉が日本の伝統だったので、国家による福祉制度、社会保障制度の創設は第二次世界大戦前後まで待たねばならなかった。しかも戦争前後ではまだ制度に加入する人の職業は限られていたのであり、すべての国民が加入できる制度は、医療・年金に関しては戦後の一九五八（昭和三三）年にようやく整った。この年が国民皆保険制度の始まりとされる。しかし実態は自営業者や労働時間の短い労働者、あるいは無業の人は排除されていたのであり、それ以降に徐々にそういう人も制度に加入できるようになった。とはいえ現代に至ってもまだ国民全員が加入という制度になっていないのが現状である。

2　マル経学者の革新的政策

美濃部亮吉

美濃部亮吉（一九〇四〜一九八四）の本職は経済学者であったが、一九六七（昭和四二）年に東京都知事になったし、三選（一二年間）を果たしてから知事をやめて参議院議員（一九八〇〜八四年の四年間）を務めたので、学者を経てからの政治家ということになる。父は「天皇機関説」で有名な東京帝大教授の法学者であった美濃部達吉である。息子・亮吉は東京帝大で経済学を勉強してから、法政大学や東京教育大学（現・筑波大学）の教授を務めた。彼の経済学は当時の日本の経済学界では有力であったマルクス経済学であったことを強調しておこう。戦前の日本では今でいう近代経済学よりも、マルクス経済学を研究・教育する経済学者（特に旧帝国大学では）が多かったので、美濃部がマルクス経済学専攻であったことは驚くにあたらない。当時の東大における経済学については橋木（二〇〇九）参照のこと。

美濃部がマルクス経済学者であったことの意義はまことに大きい。第3章のマルクスで詳述したように、資本主義の経済においては資本家・経営者と労働者の間では緊張関係が強く、後者は前者によって搾取されているとみなすので、団結して抵抗すべしというのが主たる思想である。換言すれば労働者は弱者とみなしてよく、もし弱者が強者に抵抗できないのなら、第三者が弱者を保護するなり支援せねばならない、という思想が生まれた。その一つがマルクス経済学であるし、弱者救済策を自然に思いつくし、そのための政策を考えるであろう。その一つの例が後に述べる老人医療費を無料にする政策である。

学者と政治家という一見異なる能力と性格が期待される二つの職業をこなした美濃部亮吉については、この二つの職業をうまくこなせる血筋があったということを知っておこう。それは父・達吉と母の父である菊地大麓《だいろく》からの影響である。そこでこの二人が学者・政治家として活躍した事実を記述して、その血筋の効果が大であったことを知っておこう。

まず美濃部達吉である。達吉は東京帝大法学部の教授で憲法の講座担当であった。明治・大正時代の日本は右翼思想が強かったので、達吉が東大で教える前の憲法学は穂積八束と上杉慎吉の担当で、天皇を絶対化・神格化する思想の持主であった。すなわち日本国家は天皇のためにあるという「天皇主権説」を唱えていた。東大法学部はこのような思想の下にあったが、達吉がもう一つ新しく設けられた憲法学講座の担当となり、そのことが波紋を投げたのであった。

美濃部はいわゆる「天皇機関説」を著書『憲法講話』の中で説いて、「天皇主権説」の上杉と対立する思想を提出した。それが明治末期の頃である。日本の主権は天皇にあるのではなく、立憲君主制の下で天皇は憲法の範囲内で統治する人と考えたのである。すなわち、絶対権力者でもなく、神でもなく、天皇は憲法の規定する範囲内で、議会という制度を通じて国民の同意の下で統治すると主張した。

この美濃部の思想は立憲君主制の基本的考え方を述べたものであり、当時はいわゆる大正デモクラシーの風潮が世を支配しそうな形勢にあったので、「天皇機関説」は有力な学説として認知されるようになった。すなわち、国家の統治権は天皇個人にあるのではなく、統治権の行使を委任された存在とみなしたのである。一方で「天皇主権説」の上杉慎吉は、むしろ反動学者として無視されることの多い少数派となってしまったのである。

時代は大正デモクラシーを経て、昭和の時代に入る。日本では昭和に入ると軍部の力が強くなったし、世間では思想におけるマルクス主義への批判が強くなってきた。軍部が美濃部の「天皇機関説」を好まない理由は、兵隊を戦場で動かす統帥権を天皇がもっているというようにすれば、憲法の下で議会が軍の統帥権より優越しているという矛盾から逃れることができる、と軍幹部が考えたことにある。換言すれば、軍が政府よりも上に立って軍事行動を起こすことができるようにするには、「天皇機関説」よりも「天皇主権説」の立場をとる方が都合がよいのである。軍の一部が政治家の生命までねらって、軍国主義の道を歩む気配を示す時代になっており、このことが「天皇機関説」への反対となって結びついたのである。

美濃部達吉は東大教授の功績が認められて、貴族勅選議員になっていたが、一九三五（昭和一〇）年の貴族院本会議で、「天皇機関説」が正面切って非難されることとなった。それが原因となって達吉は貴族院議員と東大教授を辞するのである。なぜなら軍部・議会・言論界を巻き込んでの社会での大騒動となり、世間を騒がせたということへの責任をとって達吉は公職を辞したということである。筆者は「天皇機関説」は立憲君主制と相通じるところがあるのでまっとうな学説と思う。昭和天皇御自身も「機関説でよいのではないか」と述べられた説すらある。とはいえ、当時の社会情勢の下では達吉は左翼あるいはリベラルとみなされても仕方なかった。

次は母親・多美子の父親・菊池大麓である。江戸時代の生まれである菊池は、蕃書調所（この学校の詳しくは橘木（二〇〇九）を参照）で学んでからイギリスのケンブリッジ大学で学んだ。専攻は数学であり、帰国後は東大教授、同総長、京大総長、理化学研究所長など、学界での指導者として君臨した人である。

学者としての栄達に加えて、菊池にはもう一つの才能があった。それは政治家としての仕事の才である。昔は著名人は勅選で国会議員になることが可能で、二二年間も貴族院の議員を務めた。さらに当時のエリートは官僚の仕事をも兼ねており、菊池は文部省の局長・次官を経て、一九〇一（明治三四）年には第一次桂内閣のときには文部大臣まで経験したのである。

簡単な略歴によって菊池の秀才ぶりに加えて、政治的な手腕の持主だったことがよくわかる。繰り返すが当時のエリートというのはいろいろな仕事にコミットしていた。帝大の総長という大組織の管理職、文部大臣という教育行政のトップなどを務め、しかも国会議員までしていたのであるから、管理能力と政治手腕には優れたものがあったと理解できる。菊池大麓の娘・多美子も父親譲りのＤＮＡを保持していたであろうから、美濃部達吉と多美子の間の息子・亮吉は、学者の素質と政治家の素質の両方を兼ね備えた人であったといえる。

東京都知事となる

マルクス経済学者・美濃部亮吉は東京教育大学で研究・教育に励んでいたのであるが、なぜ彼が東京都知事になったのかをいろいろな角度から検討してみよう。

第一に、高度成長期前後の日本における経済学界はマルクス経済学が主流であり、橘木（二〇一四）で示したように資本主義国の日本でありながら、近代経済学は傍流であった。マルクス経済学者に大物、例えば東大の大内兵衛や有沢広巳などが多かったので、たとえ右寄りの政権であっても権威に弱い政府はこういうマルクス経済学者を審議会などの委員に任命して、経済問題のアドバイスを受けていた。もっとも少数派の近代経済学でも、例えば一橋大の中山伊知郎などが政府の仕事にコミットしていた。美濃部も政府における経済政策のアドバイザーの役に就いていたので、政界・官界では知られた名前であった。

　第二に、美濃部はＮＨＫ教育テレビで放送されていた「やさしい経済教室」で、やさしく経済問題を解説する仕事を一九六〇（昭和三五）年から六二（昭和三七）年までこなした経験がある。やさしい顔とおだやかな語り口でのテレビ番組で、人気を博したのであり、マルクス経済学者という堅い思想家を微塵にも感じさせないソフトなイメージであった。もう一人の経済学者・伊東光晴もソフトな感じで同じ番組に出ていたことを、当時高校生か大学生であった筆者も記憶がある。なぜこのようなテレビ番組のことを書くかといえば、政治家になるにはテレビで名前を売ることが大切だからである。現代ではテレビで名を知られたタレントが政治家になっているケースが多いのであり、当時もその先駆けはあったのである。

美濃部亮吉

　第一で述べたことは、政党が選挙に際して候補を選ぶとき、弱者の立場を理解してそういう人の支援策を打ち出しそうな人を選択する確率が高いということである。それが当時であれば社会党や共産党という革新勢力だったのである。第二で述べたことは、選挙に勝てる候補としての著名人を政党が候補者として選ぶ可能性があることを示唆している。タレントとして名を売っていた舛添要一・元東大助教授が、参議院議員や東京都知事になったことを思い起こしてほしい。これら二つの要因が一九六七（昭和四二）年における東京都知事選挙において、社会党と共産党が美濃部を候補者として立て、かつ当選した理由である。

ここでなぜ美濃部が政党からの立候補要請に応じたかを考えてみよう。それは既に述べたように美濃部には政治家のＤＮＡがあったことと、日頃テレビなどで経済解説をしていると、自分の学説なり信条を現実の社会で生かせる機会がありそうだ、という魅力を感じたと想像できる。

さらに、革新系の美濃部がなぜ保守系の候補に知事選で勝利したかといえば、次のように要約できよう。一九六四（昭和三九）年に東京オリンピックを終えて東京都民や国民が興奮を経験して冷静になっている頃に、高度成長期を終了する時期が重なった上に、公害問題や大都会における通勤地獄などが深刻な時代に入っていた。人々の所得は多少増加したが、生活のしにくさを感じるようになっていた。東京都民に関しては、水不足という問題が当時発生していたり、一九六五（昭和四〇）年には東京都議会における黒い霧事件（議長選挙をめぐる贈収賄事件）などがあって保守系が人気を失い、都民は政治の変革を望んでいた時代だったのである。革新系の美濃部が知事選に勝つ要因はそろっていたのである。なお美濃部は一九六七（昭和四二）年から七九（昭和五四）年までの三期一二年間、知事であった。

この時期は何も東京都知事に革新系が登場しただけでなく、もう一つの大都会・大阪においても革新系知事が登場したのである。大阪市大の教授をしていた黒田了一《りょういち》が社会党と共産党の支援を得て一九七一（昭和四六）年に当選したのである。学者出身の革新系知事の誕生は、東京・大阪という東西の大都会でのことなので、この時代の特色の一つでもあった。なお三大都市圏の愛知県、名古屋市に注目すれば、知事は桑原幹根の人気が高くて革新系知事の誕生はなかったが、名古屋市長には革新系の本山政雄がこれも学者市長として一九七三（昭和四八）年に誕生したのである。ついでながら、当時は東京、横浜、名古屋、京都、大阪、神戸という六大政令都市の首長がすべて革新系だったのであり、これも特筆されてよい。

美濃部都政の福祉政策

福祉と社会保障が主たる関心である本書であれば、美濃部都知事がこれらに関してどのような政策を施したかは重要な項目である。これについて論じてみよう。福祉・社会保障というのは、国家が行うこと（代表的には年金制度や失業保険）と地方政府の行うこと（医療保険、特に国民健康保険など）が区別されているので、特に前者に関しては地方政府のやれることには限界がある。

①もっとも象徴的な事項として東京都の行った制度としては、老人医療の無料化がある。日本の健康保険制度は組合健保、政府管掌保険（現代では協会けんぽと称される）、国民健康保険の三つの制度がある。第一のものは主として大企業が加盟、第二のものは主として中小企業が加盟、第三のものは引退した人や無業の人が加盟するのである。美濃部都政は七〇歳以上の医療保険加入者の医療費の個人負担費（三割分）を、都が肩代わりして負担するという老人医療費無料化策を導入した。この無料化策は画期的な政策であり、自民党や厚生省は財政負担が大きくなりすぎると当初は反対したが、当時

の革新政治が優勢な時代にあってはこの政策は実施に移されたのである。この無料化政策は革新府政の大阪府のみならず、その後も全国に波及してなんと八割の市町村が実施に踏み切った。後に述べるように遂に国家もそれを真似たほどの大きな福祉制度の導入であった。

老人医療費の無料化策以外に美濃部都政の行った福祉政策は、老人の都バス・地下鉄などの都営交通費タダ、フロ代や牛乳代への補助金、し尿汲み取り料金の無料化、など様々な分野に及んだ。正に福祉制度のオンパレードで、高齢者という弱者に対するだけでなく、一般市民への支援策をも充実させたのである。他にも都職員数の増加や賃金・退職金での優遇、公共支出の増加があった。東京都の財政に余裕があるのならこれらの政策は望ましいのであるが、美濃部都政一二年間において財政赤字は深刻となり、ついには赤字が大幅となり財政破綻を迎えたのである。

ここではなぜ美濃部福祉政策、特に老人医療無料化策が導入されたのかを、様々な角度から検討しておこう。あるいは日本社会においてどのような変化が起こっていたのか、国民の意識変化がこれをどう後押ししたかなどがここでの関心である。

もっとも強調しておきたいことは、一九六〇～七〇年代の日本において、国民の間での福祉への関心が高まっていた。これには様々な理由があるが、第一に、従来は福祉の提供は三世代住居で代表されるように成人した子どもが老親の生活、医療、介護などの面倒を見ることが社会の規範なり伝統であったが、個人主義の高まりによりそれが希薄化しつつあったのがその頃であった。すなわち家族の絆の低下が出現しつつあった。

第二に、この現象を補う制度としては、公共部門の提供する福祉に期待せねばならないという雰囲気が高まりつつあった。具体的にはヨーロッパにおける福祉国家のことがマスコミなどを通じて国民の知るところとなり、家族だけに頼る福祉のあり方とは異なる姿、すなわち公的資金を用いての福祉の提供のあり方を一部の国民が理解するようになった。ここでは「一部の」という言葉が重要で、政府や財界、そして家族の絆による助け合いを福祉の中核とみなす人々からは、かなり強い反対意見のあったことは事実である。

第三に、おおよそどこの国でも、そしてどの時代においても、人々の間でもっとも弱い立場にいる人が誰であるかといえば、「高齢者である」との合意がある。身体的・精神的に弱まっていることは当然として、働いていないので所得の低い場合が多い。当時の年金、医療制度はまだ未発展の段階にいたので、もっとも弱者の立場にある高齢者を、まず医療費で支援するという発想は自然である。換言すれば、高齢者にとってもっとも負担感が強く意識されるのは医療費支出である。これには病気にかかって診療費の払えないことがあれば、不安感が高まるという高齢者の感情も手伝っている。

以上をまとめれば、福祉の提供を公共部門で行うことが好ましいという雰囲気の高まる時代的背景の中、福祉の提供をもっとも強く要請している高齢者に、不安感の源泉になっている医療の分野で支援するのがまず第一に期待される、という合意があったので、高齢者の医療費無料化策がまず先立って導入されたのである。

第四に、これは老人医療費無料化策の功罪としての評価を一つ述べておこう。誰もが語るのは老人

推移（昭和25年～平成17年）

	総人口に占める割合（%）				老年人口指数
80歳以上	65歳以上	70歳以上	75歳以上	80歳以上	
37	4.9	2.8	1.3	0.4	8.3
51	5.3	3.1	1.6	0.6	8.7
67	5.7	3.4	1.7	0.7	8.9
78	6.3	3.7	1.9	0.8	9.2
95	7.1	4.2	2.1	0.9	10.2
120	7.9	4.8	2.5	1.1	11.7
162	9.1	5.7	3.1	1.4	13.5
222	10.3	6.8	3.9	1.8	15.1
296	12.1	7.9	4.8	2.4	17.3
388	14.6	9.5	5.7	3.1	20.9
486	17.4	11.8	7.1	3.8	25.5
636	20.2	14.3	9.1	5.0	30.5

人口。

医療無料化策を筆頭にして当時の福祉政策は過剰な公共支出をもたらしたので、後になって財政赤字の原因になったというのがある。ここではそれにやや反旗を翻すことになるかもしれないが、それは言われるほどの財政負担にはなりえなかった、という解釈を述べておこう。

表9－1を参照していただきたい。この表は一九五〇（昭和二五）年から二〇〇五（平成一七）年まで、高齢者の人口数と総人口に占める比率を示したものである。老人医療無料化の導入された一九六〇年後半から一九七〇年代前半までに注目すると、高齢者の人口数もその比率も非常に低かったことを知っておこう。一九七〇（昭和四五）年だと、無料化された七〇歳以上の人口は四三五万人、総人口に占める比率は四・二

表9-1　高齢者人口及び割合の

年　次	総人口（万人）	高齢者人口（万人）		
		65歳以上	70歳以上	75歳以上
昭和25（1950）年	8320	411	234	106
30（1955）年	8928	475	278	139
35（1960）年	9342	535	319	163
40（1965）年	9827	618	362	187
45（1970）年	10372	733	435	221
50（1975）年	11194	887	542	284
55（1980）年	11706	1065	669	366
60（1985）年	12105	1247	828	471
平成2（1990）年	12361	1493	981	599
7（1995）年	12557	1828	1187	718
12（2000）年	12693	2204	1492	901
17（2005）年	12777	2576	1830	1164

注(1)　昭和25年～平成17年の年齢階級別人口は，「国勢調査」の年齢不詳をあん分した
(2)　昭和45年までは沖縄県を含まない。
(3)　老年人口指数＝（65歳以上人口/15―64歳人口）×100
出所：「国勢調査」。

%にすぎず、とても低い数字である。現在の二五〇〇万人前後、一四・九%と比較すればその少人数と低比率は明らかである。

これらの数字から言えることは、たとえ高齢者（七〇歳以上）の医療費自己負担分を公共部門が肩代わりしても、総額の財政負担はそう巨額にならないと想定できる。これは日本全体の人口であるが、若い人と中年層の多かった東京都に限定すればもっとその数は減少するので、財政負担はそう巨額になりえない。特に一九六〇～七〇年代では、高齢者の多くは地方に、現役の働き盛りの年代は都会にいるという時代だったので、なおさら東京都への影響は大きくなかった。

では何が東京都の財政赤字に貢献したかといえば、既に述べた各種の福祉、公共支

出政策の積み重ねと、適切な税収確保策をとらなかったことに依存している。さらに、美濃部都政の末期に起きた石油危機による不景気の時代であったということも忘れてはならない。要は、老人医療無料化策が、財政赤字の原因の一つであったことまでは否定しないが、それがすべての原因とまでは言えず、他の要因が重なって生じたのである。

むしろ美濃部都政、黒田大阪府政のときに老人医療無料化策を導入したことは、たとえ予算規模は高齢化の進展していなかった時期とはいえ、国民に福祉を提供することの大切さを教えたことのメリットを強調しておこう。ただし福祉の提供には、財源の確保があって初めて成功するという意識の欠けていたことは、充分に認識せねばならない。このことは現代でも当てはまる付帯条件であることを忘れてはならない。当時の革新政治家にこのことの認識の欠けていたことは率直に認めねばならない。

実はこの認識の欠けていることは、現代の左翼政党にもあてはまる。福祉支出の財源を確保するために、消費税率を五％から八％へ、八％から一〇％に上げる案に対して、社民党と共産党は常に反対の姿勢であった。消費税の廃止すら主張している。ヨーロッパの福祉財源は主として消費税で賄われているし、税率も二〇％前後に達している。福祉の充実を声高に主張している社民党と共産党は、財源をどこから調達するのであろうか。軍事費支出のカットや政府のムダな支出カット、大企業から法人税を多く徴収する案のようであるが、なかなか実現可能ではなさそうだし、それだけでは不十分ではないだろうか。

3　日本の「福祉元年」を創り出す

角栄の人生

田中角栄・元首相（一九一八～一九九三）をここで論じる理由は二つある。第一に、一九七三（昭和四八）年は日本で「福祉元年」と呼ばれる年であるが、当時の首相が田中角栄だったので福祉への貢献が大である。第二に、首相になる直前の一九七二（昭和四七）年の六月に『日本列島改造論』を出版して、政権を担当することになったが、中央と地方の格差を是正するための政策を目標に掲げたので、格差のことが本書のもう一つの関心なので、論じる価値がある。

もとより「福祉元年」は田中角栄個人による政策が功を奏したのではなく、日本全体がそういう雰囲気の時代にあったということを認識する必要がある。列島改造論においても土建国家にしようとしたとか、新潟地方だけが特別な優遇を受けたという格差是正策でもあるので、田中角栄を絶賛する必要はないし、政治家としてはスキャンダル（例えばロッキード汚職）という汚点を残したこともある。とはいえ政治家としては学歴や職業上でのエリートではなかったことと、弱者の味方であったことは自民党の保守政治家としてはユニークなので、ここで論じる価値がある。田中の人生については、早野（二〇一二）、服部（二〇一六）、別冊宝島（二〇一六a、b）を参考にした。

田中角栄は新潟県の片田舎で一九一八（大正七）年に、父・角次と母・フメの二男として生まれた。

田中角栄

父が様々な事業に失敗したので生活は貧しかった。地元の高等小学校を卒業後、上京して建築業に携わりながら夜学の中央工学校で土木を学んだ。昼は仕事、夜は学校と角栄の向学心の高さを知ることができる。家が貧乏だったので当時の多くの少年がそうであったように中等、高等教育を受けられなかったが、頭がよくて努力し、かつ向上心の強い人だったことを想像できる。歴史には「イフ」は禁物であるが、もし田中が裕福な家庭に育って旧制高校なり帝国大学に通っていたなら、首相にまで登りつめたかどうか疑問である。きわめて有能な人がそれにふさわしい教育を受けられず、しかもそれにふさわしい職業でなかったからこそ、尋常でない上昇志向を発揮して大いに努力したのが田中だったと解釈しておこう。

工務店の事業を行ったり、兵役などを経験してから、一九四一（昭和一六）年に「田中土建工業」を設立した。この会社は成功を収めたので経営者としての才能を示したと理解してよい。その頃に国の資格である一級建築士をも取得している。ビジネスの繁栄により、田中は元々政治にも関心があったので、戦後に地方の新潟から国会議員選挙に立候補した。一度落選の憂き目にあうが、二度目には当選したのである。選挙の公約として、常に「新潟は雪の多い国で人々は苦労している。この苦しみを政治でなくさねばならない」というのがスローガンであり、恵まれない地方の弱者を助けることを第一に考えていたことがよくわかる。後に重要な大臣の職についたときや首相の地位について種々の政策を実行することになるが、ここでの弱者対策というスローガンが一つの原点であったのである。

持前の優れた政治指導力と豊富な政治資金の下で、田中は自民党の中で重要な人物として成長していき、一九五七（昭和三二）年、三九歳のときに、戦後初の三〇歳代の大臣に就任した。第二次岸内閣の郵政相であった。その後エリート官庁である大蔵省、通産省の大臣を務めるし、自民党の幹事長をも経験したので、押しも押されぬ実力政治家への道を歩んだのである。

興味深いことは田中の官僚操縦策である。東大卒業でしかも誇り高い有能な人の多い高級官僚に対して、高小出身で夜学で建築を学んだ田中は、学歴コンプレックスなどを感じさせないほどの彼自身の優れた頭脳と、「コンピューター付きブルドーザー」と称されたほどの抜群の指導力で、官僚に尊敬と信頼の念を抱かせ、かつなんとか田中大臣のためになる仕事をさせる気持ちにさせた人物掌握術はすごい。

『日本列島改造論』を著わす

官僚をうまく使いこなせた例として、政治家・田中を一層有名にした『日本列島改造論』という九一万部も売れたベストセラー書を取り上げてみよう。大蔵大臣、通産大臣、自民党幹事長という要職を経たのであるから、次は内閣総理大臣を目指すというのは自然な思いである。田中政治のスローガ

『日本列島改造論』

ンとして自分が首相になったときには、このような政策を行うのだという指針をこの書物で公表する意図があったと理解できる。

『日本列島改造論』は田中が通産大臣のときに、通産官僚をブレーンとして使ってまとめた本である。その経緯については別冊宝島（二〇一六a）での元・通産事務次官だった小長啓一のインタビュー記事で知ることができる。小長は当時の田中大臣の秘書官だったとき、大臣直々に書物の出版話を持ち出された。早速通産省から若手の三、四名、そして出版社（日刊工業新聞社）からの記者一〇名ほどでチームを作り、執筆活動が始まった。それら通産官僚の中に、後に作家として有名になる堺屋太一（本名　池口小太郎）がいたことは、この書物の内容や文章などで魅力を高めたと想像できる。

本書の成立は、まず田中大臣が長時間にわたって（すなわち一日に六～七時間、そして四日間）持論を口頭で展開することから始まり、その内容を具体的に文章にするのは役人と記者の仕事であった。いわゆる口述筆記というのがこの書のスタイルであったし、実際の口述は田中の秘書であった早坂茂三の役割であった。早坂は当初の田中のレクチャーと、日頃に田中の言っていることや国会での発言を元にして、最終の口述者に至ったものと想像できる。極端に忙しい大臣が自筆できることはないので、本書が口述筆記というのには驚きはないし、不当な方法でもない。

むしろ内容に田中色の強く出ていることに注目したい。それは日本が中央と地方の格差の非常に大きいことを憂慮して、地方の経済を強くする政策を主張したことにある。すなわち、ヒト、カネ、モノがすべて東京に流れているのを、地方に逆流させて人々の生活水準の地域間格差を是正することの必要性を積極的に説いたのである。そのためには地方で鉄道、特に高速鉄道・道路、特に高速道路・橋・空港・工場用地の造成と工場誘致などに大きな投資をして、地方の経済活動を活発にすることが主眼であった。地方経済が潤えば、そこに住む人の所得が高くなるので、中央と地方の所得格差や生活水準の格差も縮小するだろうというのが田中の意図であった。新潟という地方出身の人の発想である。これが『日本列島改造論』の主旨である。

筆者は田中の中央・地方の格差是正という目標には一〇〇％支持するものである。地方で鉄道、道路、橋などの投資を行うことは、地方の土木・建築業者に仕事の量を増やすのにつながったので、ある程度の評価をする。これによって地方経済全体への波及もあったので、潤う企業と人々に恩恵の生じたことも確実だったからである。

とはいえマイナス効果も無視できないところがある。第一に、激しい土建事業による「列島破壊」ということで環境問題を起こしたし、さらにそれが土地価格の高騰をもたらした側面もあった。第二に、新潟に過度の投資がなされて、自動車の姿のない舗装道路や橋が建設され、ムダな投資と批判されたこともあった。これは新潟出身の首相という政治家が地元の利益のために動くという事実、一〇〇％すべて悪いとは言えない面もある。

以上を総合評価すれば、中央と地方の格差を是正するためという目的には大きく賛成するが、その手段を土木・建築業に頼りすぎたことの悪効果を無視できない。土建業で成功した田中なのでやむをえない側面もあるが、中央と地方の格差を是正するには他の方法もありうるのであり、その点でもう少し配慮がほしかった。では土建業だけに頼らなくてどういう政策があるのか、ということを提唱せねばならないが、これの説明には長い紙面を必要とするのでエッセンスだけを記述しておく。関心のある方は橘木・浦川（二〇一二）における具体的な提案を参照されたい。

第一に、中央から地方に企業を移すために、官民一体となってあらゆる政策を実行する。具体的には税制での優遇、安い土地の提供、家族が安心して生活できるような医療・介護施設の準備、子どもがよい教育をうけられるような配慮、などがある。

第二に、地方に住居をもって住むということは、大都会での喧騒の中にいるよりもはるかにアメニティ（快適さ）が高いことを、多くの人に知ってもらうようにする。さらに、大都会での生活費よりもかなり安く済むことのメリットを知ってもらうようにする。

第三に、東京一極集中をやめて、各地方での中核都市（札幌、仙台、横浜、名古屋、京都、大阪、神戸、広島、福岡など）を半分独立地域として経済の中心にする。東京一極集中によるデメリットがあまりにも大きすぎるので、いくつかの地域への分散を図るのであるが、これらの中核都市に多少の集中を認めて経済効率のメリットを確保しながら、一方でそれらの地域の住み心地を高めることによって、東京一極集中のデメリットを小さくするのである。

4 「福祉元年」

田中首相の在任中に福祉元年ということが言われるようになった。具体的には首相が「これからは社会保障の充実に向かうべきで、景気がよいのでお金も一杯あるから、一九七三（昭和四八）年を福祉元年とし、税収の一部を福祉政策に充てよう」と述べたのが、この言葉が語られるようになった契機である。この年に日本の福祉が飛躍的に伸びたのではないので、誇張が含まれているのは確実であるが、多少の進歩はあった。この評価と顚末を述べておこう。

第一に、中央と地方の格差是正を目標に掲げた田中角栄にとって、弱者を支援したい心持が福祉の分野にも出現したのである。しかし彼の発言や語録を検分すると、福祉の充実を口にはするが熱狂的な福祉礼賛派ではなく、中心はあくまでも列島改造論で象徴される、地方を土建で潤わせて中央と地方の格差是正であった。

第二に、とはいえ田中首相は当時の世相の動きをよく見ていて、福祉の充実はその時代の要請と理解していた節があり、福祉のことを無視することなくむしろ容認する行動に出たのである。このあたりは有能な政治家としての機敏さを評価したい。

具体的にどういうことかというと、既に述べたように東京都知事・美濃部亮吉による老人医療費の無料化が進んでいたし、その動きが全国の自治体に波及していた姿を田中はよく見ていて、これを中央政府による全国レベルにおいても導入せねばならないと思うようになったのである。現にこの無料化策は全国レベルで導入されたのである。

もう一つ重要なことは、一九五〇～六〇年代にかけてのヨーロッパ諸国は経済の好調を背景にして税収が豊かであり、年金、医療、介護、失業などの福祉政策の充実を達成して、福祉国家への道に入っていた。この情報が日本でも紹介されていたので、国民の間で福祉の充実が必要であるとの認識が高まりつつあった。高度成長期を経た日本は一九七〇年代の初頭、経済は好調だったので政府の財政には余裕があった。福祉の充実への国民の希望と、経済が好調であることが田中をして、福祉に関心を寄せるようになった。それは自然なことであった。

第三に、国民の福祉への関心の高まりには、社会や家族の変化が当時起こり始めたことを認識しておく必要がある。それはこれまでの日本であれば、福祉の担い手は家族であるとの認識が強く、政府が福祉に関与する程度は低くてよかった。しかし労働力の地方から大都会への移動に端を発して、三世代住居の姿は減少の方向に向かっていたし、家族の絆も弱まる傾向を示す時代に入っていた。福祉の担い手を家族以外にも求めねばならない、という雰囲気が日本社会で漂い始めた頃だったし、田中もそのことを認識していた。

第四に、では実際に田中内閣のときにどのような福祉の充実がなされたのかを簡単に見ておこう。

①既に述べた老人医療の無料化策。②家族手当と児童手当の創設。これまで日本でこの政策が何度か論議されたが成功しておらず、手当の水準は低かったが創設には意義があった。③健康保険や年金保険の給付額のアップを図った。特に五万円年金の創設と年金給付の物価スライド制の導入が目立った。④失業保険制度を雇用保険制度と名称を変更したが、中身については充実というよりも、若手（特に女性）の間で短期の雇用期間後に辞める人への給付を厳しくしたので、むしろ退歩と言えるかもしれない。

第五に、以上で要約されるように、一九七三年の福祉元年は手放しで評価されるものではないが、限定はされるが多少の進展はあったと判断してよい。その限定とはすべての国民がなんらかの保険制度に加入する、という真の意味での「皆年金・皆保険」はまだ到底達成されなかったからである。さらにやや皮肉を言えば、多少の進展は田中首相の格別のリーダーシップでなされたのではなく、当時の経済情勢と社会での雰囲気がそうさせたという解釈が正しい。

第六に、福祉の充実が多少は進んだ福祉元年それが一九七三年であったが、同じ年に発生したオイル・ショックによって日本経済は大きなダメージを受けることとなった。先進国のほとんどがスタグフレーションというインフレと不況の二重苦に悩まされ、国家財政が緊迫する中で福祉見直し論が、日本を含めた多くの国で登場する時代を迎えることとなった。福祉の充実は経済運営にとってマイナス効果をもたらすというのがその根拠であり、日本においてもその思想の主張が長い間続くことになった。日本がなかなか低福祉・低負担の国から、中欧型の中福祉・中負担の国へ、ましてや北欧型の高福祉・高負担の国になりえない理由として、この思想は現代まで続いたのである。

角栄の総合評価

低学歴で土建業を営む人が首相にまで登りつめたので、今太閤ともてはやされた田中角栄の評価は真二つである。中央と地方の格差を是正する目的の「列島改造論」は、地方に住む弱者を助ける意味では評価されるが、マイナス効果をも同時に発生させた。田中本人の意思というよりかは社会がそうなさしめた「福祉元年」も多少はよい面があったので、田中内閣の評価はポジティヴでよい。経済というよりも外交での日中国交回復は画期的として評価されてよい。

しかし、在任中に五億円ものワイロを受け取った「ロッキード汚職」が暴露されたことで、逮捕と首相辞任に追い込まれたことは彼の人柄の評価にとってマイナスである。さらに、二人の妾の存在を公にしたことも、現代では首相の地位に就けないと考えられるので、一昔前ならでは通じることをしていた。

とはいえ現代に至って田中角栄の再評価の気運が高まっている。強力なリーダーシップを発揮する首相が見られないだけに、悪いことをやってはいたが、強力な指導力でもって日本政治、経済、外交の分野で新しいことをやろうとした政治家の存在に、国民が郷愁を覚えているのである。

「福祉元年」以降の日本の福祉

美濃部や田中によって先鞭のつけられた日本の福祉、社会保障はその後どのように進展したのだろうか。ヨーロッパの福祉国家のレベルにはまだ到底達していないが、その後はまがりなりにも発展したので、ここでそれらを簡単に概観しておこう。

その前に「福祉元年」に至るまでの進展が戦後になってどのように見られたのかを、ごく簡単に述べておこう。

戦争中のそれこそドサクサにまぎれての厚生年金保険や、医療保険がまがりなりにも成立したが、それがどのように再建されたのであろうか。年金保険料は戦後の超インフレによってほぼ無価値になったので、戦後はイチからのスタートであった。

社会保険制度の改革よりも先立ったのは、労働の分野における改革である。それにはＧＨＱ（連合国総司令部）によって、農地改革や財閥解体に加えて、日本の資本主義を健全にするために、労働民主化を断行した。マルクスによる「労働者は資本家によって搾取されている」に始まった社会主義運動、そして前章で述べた学問における社会政策の教え、などの影響を受けて、一九四七（昭和二二）年には労働三法が成立して労働者の権利を保障したし、労働災害保険や失業保険の設立も見られたのである。

この時期に特筆すべきことは、イギリスにおける「ベヴァリッジ報告」が日本でも紹介され、これを土台にして日本の社会保障制度をどうすればよいかをめぐって学界、政界、官界、言論界において戦後のしばらくの間、大々的に論じられたのである。さらに政府によって社会保障制度審議会も創設され、日本の社会保障の今後をどうすればよいかを策定したのである。

詳しいことは橘木（二〇一〇）に譲るが、次のような方針が出発点となったことだけは述べておこう。すなわちベヴァリッジ流のように、国家が福祉の担い手になるのではなく、これまでの日本では家族の絆を重視して、福祉は基本的に家族の役割と再定義としたのである。とはいえ、ヨーロッパ流の福祉国家論を捨て去ったのではなく、家族にはできないことや家族のいない人のためを中心に、国家も福祉に関与すべきとの理想論を掲げて、ある程度の制度を導入したのである。

その代表は、①生活保護制度の充実、②一九五八（昭和三三）年の国民健康保険法による国民皆保険制度の導入、③一九五九（昭和三四）年の高齢者・母子家庭・障害者のための無拠出制の国民年金法の制定、一九六一（昭和三六）年の拠出制の国民年金法の成立、などである。したがって一九六〇年前後が日本における皆保険・皆年金の確立時期とみなしてよいが、労働時間の短い一部の労働者や自営業者はまだ未加入だったので、完全な皆保険・皆年金の国になったとは言えない。現在まで改革は続けられているが、いまだにごく一部の人は加入していないのである。

一九七三年の「福祉元年」のことは既に述べたので、次にそれ以降の進展を述べておこう。その頃に日本の高度成長期も終了し、日本は先進国の仲間入りを果たしたので、ヨーロッパ流の福祉国家への道を歩むという雰囲気は高まっていたのである。さらに国内においても、三世代同居の減少に見られる家族の絆の低下、国民の間での自立心の高まり、経済的に豊かになったので社会保険料の負担にないかと国民に思わせたことも大きい。

耐えられる感覚の増加、などが当時に見られたので、これらが福祉国家への道を日本が歩めるのではないかと国民に思わせたことも大きい。

しかし事情は大きく変化することとなった。一九七三年のオイル・ショック発生により、日本を含めた先進諸国は不況の時代、あるいは低成長の時代に入ったのである。これは政府や国民に将来は所得の伸び率は低いだろうな、と予想させたこととなり、福祉の充実には壁になるだろうと思わせた。さらに先進諸国においてイギリスのサッチャー首相、アメリカのレーガン大統領を起点とした新自由主義の思想が強くなり、経済を強くするには福祉の削減が必要との声が強くなっていく。福祉が充実すると国民は怠惰になって働かなくなるし、福祉サービスの財源として税や社会保険料の負担が増加すると、国民の勤労意欲や企業の投資活動に悪影響がある、というのがその根拠である。

さらに日本に特有なこととして、出生率の低下と平均寿命の伸びがあって、人口の年齢構成において少子・高齢化がこの頃から始まったので、福祉や社会保障をもっと発展させるのが不可能という認識がなされ始めたことも大きい。

これらの要因が重なったことによって、一九七〇～八〇年代に福祉見直し論が強くなり、徐々に福祉の発展は見られなくなった。さらに、少子・高齢化による福祉や保険の財政困難が予想されるので、給付額の削減と保険料のアップ策というのが、この時代から始まりそれが現在まで続いているということになった。

福祉に関して言えば、この時期の標語として筆者が強調しておきたいものに、「日本的福祉国家論」

がある。政府・公共部門が充実した福祉を提供する国（もっとも代表的なのは、スウェーデンやデンマークなどの北欧国家）が福祉国家であるが、日本で「日本的」福祉国家がこの時期提唱されたのは、国家の役割は一歩引いて、その代わりに日本において福祉の担い手だった家族や企業の役割を、再び重視しようというのがその主張の骨子である。さらに、自助努力にも期待したいという希望も込められていることを強調しておこう。

日本の生活保護制度では、公的扶助が行われる前に家族や共同体がまず経済支援せよ、というのが最大の特色であったので、福祉の担い手として家族の役割に大きな期待があったことがわかる。企業、特に大企業も福祉の担い手として大きな役割を演じていた。これら家族・企業が福祉の担い手として重要な役割を演じてきたのは、日本人社会の美徳でもあるので、その伝統を再び生かそうというのが、「日本的」福祉国家論の主張である。

経済成長率の低下と少子・高齢化のさらなる進行は、日本の指導者、特に財界、保守政治家、官僚などに対してますます福祉の削減を主張する声が高めることになった。自民党は憲法改正の草案として、「国民は家族を大切にして、お互いに助け合いの精神を持とう」という文言を入れたがっているほどである。憲法で宣言しても国民の意思を変えるのは不可能と思われるが、少なくとも指導層は福祉の担い手として家族の復権を願っているようである。一時はヨーロッパ流の福祉国家に賛意を示した国民も福祉の削減に同調する人が増加した。

家族の絆が弱まっている日本社会において、家族に期待できないのなら福祉をどうするかは、次の二つの選択肢しかない。一つはアメリカ流の誰にも頼らない自立主義で進むという方法、他方はヨーロッパ流の国家が福祉の担い手になるという方法である。日本人は近々にどちらを選ぶかの選択をせねばならないが、現時点ではアメリカ型の福祉削減と自立主義を好んでいる人が多数派のように思える。筆者の個人的な好みはヨーロッパ流の福祉国家型であるが、詳しいことは橘木（二〇〇一、二〇〇二、二〇一〇）で論じているので、関心のある方は参照されたい。

終章　政治家と学者の役割は重要
——福祉と格差のこれから

政治家と学者の貢献

本書ではまず福祉や社会保障制度の発展の歴史的経緯、そしてどのような具体的な制度があるかを簡単にサーベイした。制度の構築に関して本書では政治家と学者の役割を詳しく検討した。いくつかの国において制度をつくるのに際して大きな役割を果たしたのが政治家であり、特筆すべき政治家を詳しく検討して、その功罪を明らかにした。そこでは個々の政治家の政治的信条、人間社会のあり方への見方などが異なるので、自らの思想を福祉の世界で成就するため、どのような積極的な努力と妥協を余儀なくされたか明らかにされた。

学者の役割は、自らの学問的知識と分析能力を生かして、望ましい制度のあり方を国民と政治家に提唱することにある。そして制度の導入や改革によって、実際の効果と弊害がどのようなものになるのかを分析する仕事も重要である。学者によっては分析と提唱だけでは物足りないと感じて、自らが政治家となって制度の導入や改革に務めた人もいたことが本書で示された。

役人は制度の実践部隊なので、この人々も重要な役割を演じていることも論じた。中には一人の人物が生涯に政治家、学者、役人の三役について、福祉制度の発展に寄与した人のこともふれてみた。

福祉国家はなぜ望ましいか

本書の結論に入る前に、筆者はアメリカ流の誰にも頼らない自立主義よりも、国家が福祉の担い手として重要な役割を演じるヨーロッパ流の福祉国家が望ましいと思っているので、その根拠をいくつか述べておこう。

第一に、失業、高齢による引退、病気・要介護という人生上で誰でも起こりうる事象に対して、誰かが救いの手を差し伸べるに際して国家が中心と考えるのがヨーロッパ諸国である。本人がそれに備えよ、というのがアメリカの精神であるが、これだと必ずそれをしない人が出てくる。不幸のドン底に陥る人が出てくるし、準備を周到に行う人の間で格差が発生する。例えば皆保険制度ではないアメリカにおける貧富の格差から生じる医療格差（貧乏人の早死と富裕層の長生き）が、大きな問題となる。

第二に、自分で失業や老後の準備をしない人が貧困に陥ったとき、生活支援として大量の公共支出（日本では生活保護制度）をすることとなり、国民がその財源の負担を強いられる。これはしっかりと準備していた人に対して不公平なことであるし、政府が社会保険制度を用意して、そのようなことが起こらない制度の方が効率的である。

第三に、政府による種々の福祉制度が充実していると、国民は不安感をもつことなく日頃の生活に取り組めるメリットは大きい。失業、病気、引退などの事象に対して、将来の不安のない生活が保障されていれば、人々の勤労の意欲は高くなるだろうから、経済を強くできるメリットがある。

第四に、国による福祉が充実すると国民と企業は、税金・社会保険料の負担が過重になって、国民は勤労意欲、企業は投資意欲が阻害されて、経済の運営にとってマイナス効果がある、との批判がアングロ・アメリカン諸国で強い。市場原理主義の効率的な運営に際して福祉の充実は好ましくないとの経済思想であり、アメリカ、イギリス、日本で有力であるし、現実にもこの主張通りの政策が導入されている。

この問題に関する筆者の回答は、高福祉・高負担の北欧諸国においてはこの問題はうまく避けられており、福祉の充実と高成長経済は両立しているのであるから、北欧諸国を真似すればよいと主張している。例えば、弱い企業を助けずに、強い企業の育成を図る、あるいは労働者も企業間を移動する、政府は労働者にしっかり職業訓練を行う、などの政策である。

とはいえ、日本国民は例えば消費税率が二〇〜二五％に達することを拒否するであろうから、ドイツ、オランダ、フランスのような中福祉・中負担の国になるのが第一歩と判断している。日本の現状は政府が福祉に関与しない低福祉・低負担の国である。

第五に、政府の役割の小さい日本、すなわち低福祉・低負担において、家族が福祉の担い手として重要だったので、国民が悲惨な状況にいるということはなかった。しかし現代の日本では家族の絆が弱まっていることは序章で述べたとおりであり、どうするかが課題である。アメリカ流の自立主義、すなわち誰にも頼らない主義も一つの選択肢であるが、これまで述べたように筆者は福祉国家好みである。福祉のタダ乗りを排し、福祉の充実によって国民に安心感を与え、そして北欧諸国のように強い経済の運営をやれば、きっと経済効率性を犠牲にせずに、福祉の充実を図れるのである。

政治家の指導力

国の進路を決めるのは政治家の役割である。政治家にもいろいろあって法律を作成する国会議員から、法律や政策を提案して主導し、かつそれを実践するトップの大統領や首相、あるいは大臣までがある。特に重要なのは大統領や首相の指導力である。国家における重要な制度をつくるのも大統領や内閣のトップである首相である。もとよりこのような法律や制度を承認するのは国会なので、国会議員も無視できないほどの権限と役割がある。

以上は現今の民主主義国家、あるいは共和制をとっている国の話であるが、王政や帝国制をとっている国では事情は異なる。こういう国であっても議会をもっている国もあるが、最高決定は国王や皇帝でなされるし、首相などの権限も強い。代表例は第3章でも取り上げたドイツ帝国、あるいはプロイセンの宰相であったビスマルクである。民主制の国家や立憲君主制における大統領や首相よりも、自分の思う通りの政策を実行できる可能性が高かったことを認識しておきたい。ついでながらロイド・ジョージやウィンストン・チャーチルのようなイギリスの首相、あるいはアメリカのフランクリン・ルーズベルト大統領、日本の田中角栄首相においては、鉄血宰相ビスマルクと比較すると、自己の思い通りの政策は実行できない。議会の意向をも考慮しながらの交渉術が必要であるが、そこは大統領や首相のトップ政治家としての指導力と交渉能力が発揮できれば、議会をうまく説得できて、自分の思う通りに近い法律の制定や政策の実行は可能である。ここで登場したロイド・ジョージ、チャーチル、ルーズベルト、田中といったトップの政治家は、この強烈な指導力と巧みな交渉力を保持した政治家であったと評価できる。本書で詳しく述べた福祉政策、さらに経済政策の分野においても、素晴らしい成果を出した、という評価が後世になって定着しているほどの仕事をしたのである。

ここで述べたことは政治家が大統領や首相、あるいは大臣というトップの地位に就いてから指導力を発揮できることであるが、トップの政治家になる前の経歴や生き方を知ることは大いに価値がある。すなわち、生まれ育った環境（すなわち親の職業、家庭での経済的裕福さ、受けた教育の内容、最初に就いた政治家ではない職業から政治家になるまでの経歴など）がその人の思想形成や政治の世界での立ち振る舞い方に大きな影響を与えること確実なので、これらのことを本書ではかなり詳細に個々の政治家について洞察したつもりである。

二組の夫婦の活躍

本書の一つの特色は、ここで述べた本人の育った家庭環境やキャリアのことに加えて、配偶者にも特別の関心を寄せたことにある。具体的には、イギリスのウェッブ夫妻（シドニーとベアトリス）とスウェーデンのミュルダール夫妻（グンナーとアルヴァ・ライマル）の二組である。二人はお互いに思想的にかなり近いものをもっていたので、二人で共同で活躍したことも多く、それぞれの国において福祉国家の形成や社会民主主義の定着に大いに貢献したのである。

この二組には共通性がいくつかある。第一に、既に述べたことであるが、それぞれの夫婦は近い政治思想や経済思想を二人で共有していた。それだからこそ二人は結婚したという側面は強いが、印象的なことは結婚後においても相手に学問や思想の面のみならず、社会的・政治的な活動においても影響を与え合ったことである。

第二に、基本的にこの二組の夫婦は学者として思想や経済学の分野で価値の高い仕事を残したが、実践家としての顔も有していた。それはこの四名のうち、いく人かは短期ではあるが国会議員になって政治家を務めたことがあるし、大臣になって政策担当者を務めたこともあるし、国際機関のヘッドになって国際的な仕事をしたこともある。

さらに、彼たちの思想なり政治信条を政治家や国民に啓蒙することに熱心だった。政治家のトップになってその国の政治を導くことはなかったが、トップへのアドバイスによって政治の世界を動かすだけのブレーンとしての活動には目を見張るものがあった。あるいは経済学界における有力な学説・思想への貢献も大きかった。特にウェッブ夫妻の思想なり信条が現代のイギリスにおける労働党の起源になった。さらに、グンナー・ミュルダールの福祉国家論も重要な学説になっているし、北欧諸国ではそれが現に実践されている、ということを再述しておこう。

第三に、一九世紀の後半や二〇世紀の前半に二人の女性、すなわちベアトリス・ウェッブとアルヴァ・ライマル・ミュルダールは活躍したのであるが、当時はまだ女性が社会で重要な役割を演じる時代でなかっただけに、この二人の女性の仕事の大きさと社会への貢献は特筆されてよい。今でこそ世界のいくつかの国で女性の首相までが出ている時代なので、二人の女性の活躍ぶりのような例は少なくないが、当時の社会であれば本書で述べた二人の業績はとても素晴らしいものであった、と結論づけられる。後に続く女性への励みになったことは確実である。さらに、それぞれの夫の理解と協力が大であったことも言うまでもない。

政治家はどう行動すればよいか

冒頭で政治家のリーダーシップを述べた。特に大統領、首相、大臣などのトップの職にあれば、大きなことを決断せねばならないので勇気が必要である。政治家にとって重要な素養の一つは勇気のある決断である。ここではこれらトップではなく、ごく普通の政治家としてどのような心構えをもちながら政治活動を行えばいいかを考えてみたい。政治学の立場から政治家の素質や行動を論じるのではなく、本書で得られた一流の政治家の経歴や行動から学んだことを論じる。特に本書が経済学などの学問との関係に注意を払っているので、これについても述べてみたい。

①本書で登場した政治家の学歴に注目すると、いわゆるエリート教育を受けた学校秀才と、学歴に関しては大した学校で学んでいないという、二種類の人がいる。ここでは学者であった人は考慮外で

ある。前者の例に関しては、ドイツのオットー・ビスマルク、アメリカのフランクリン・ルーズベルト、日本の美濃部亮吉ぐらいである。後者の例は、イギリスのロイド・ジョージ、ウィンストン・チャーチル、日本の田中角栄ということになろうか。チャーチルはパブリック・スクール出身なのでエリートの顔はもっているが、基本的には軍人上がりである。特に田中角栄は高等小学校卒業なので、特筆に値する。

ここで何が言いたいかを述べれば、政治家、特に一流の政治家になるには、必ずしも大学や名門大学で学ぶことは必要条件ではない、ということにある。特にイギリスは階級社会であって、オックスフォードやケンブリッジという名門大学の卒業生が幅を利かしているとして有名であるが、イギリス最高の首相とみなす二人（すなわちロイド・ジョージとチャーチル）はともにオックス・ブリッジの卒業生ではない。もとよりオックス・ブリッジ卒業のイギリス首相は有名な人を含めて山ほどいるのであるが、ここで敢えて筆者好みの偉大な二人の首相を例にして、学歴は必要条件ではないとした。

ここから言えることは、たとえ学歴はなくとも頭脳明晰な人、というのは多分必要条件であろう。複雑多岐にわたる大量の情報が政治家の下には集まるので、それを詳しく分析・検討して的確な判断を下さねばならないからである。そのためには読書などを通して知識を豊富にしておくことも重要であろう。ロイド・ジョージとチャーチルはこの点で抜きんでいた。さらに大切なことは、まわりに有能なブレーンを抱えるようにして、貴重なアドバイスを受けることができるような体制があれば望ましい。この点では田中角栄はその才があった。でもそれらのアドバイスの中で何を採用するかは政治家の役割なので、分析能力や判断能力を高めておくことは肝心である。

とはいえ、政治家を目指す人は大学に行く必要はない、あるいは名門校を目指す必要はない、とまでは主張しない。そういう大学ではより高い学識・知識が豊富になるし、同学の士から学べることも多くある。年を取ってからブレーンとして協力してくれる仲間に会う可能性も無視できない。

②若い頃から自分の理想とする社会のあり方、国のあり方をもてるようにしたい。本書で登場した政治家のほとんど、そして学者をも含めて、比較的若い頃（一〇代から二〇代にかけて）からどういう人間社会のあり方が望ましいかを漠然とではあるが描いていた人が多い。例えば、強者・勝者をとことん優遇してそれらの人の活躍ぶりに期待するのがいいのか、あるいは弱者・敗者が取り残されない社会にした方がいいのか、自由と平等のどちらがより重要か、政府の役割は大きいのがいいのか小さいのがいいのか、等々数多くの論点が社会にはある。これらに関する選好の程度は生まれつきの性格なり心情で決まる側面がある。生まれつきの能力・心情によって知識として何を得ればよいのか、政治活動をどのようにすればよいのか、などが少しは明るくなる。もとより年齢を重ねたり、社会での経験を豊富に積み、知識・学識を蓄積することによって、考え方が多少は変わることはあってよい。

③政治学、経済学、社会学など、学問の最先端に注目しておきたい。これは水準の高い書物や論文を読みこなす必要はなく、そのエッセンスを教えてくれるブレーンから学んでよい。ドイツのビスマルクは当時の「社会政策」という学問から影響を受けたし、ロイド・ジョージやチャーチル、そしてアメリカのルーズベルトも当時のケインズ経済学から影響を受けたのである。スウェーデンでは政治

のトップはミュルダール夫妻の著作から影響を受けたこともよく知られている。もっともグンナー・ミュルダールは自身も政治家だったので、その点は自分の思想を政治のトップに啓蒙したことも大きい。このことを言えばイギリスのウェッブ夫妻もミュルダール夫妻と似た状況にあった。

④おおよそでいいから自分が望ましいと思う社会のあり方、あるいは政治信条が定まれば、まわりで同志を見つけて共通の目標に向かって行動する。これは政党への参加であってもよい。特にその中で、人物として優れ、かつ指導力のある人と親しくなって、それらの人の「引き」に期待するところがあってもよい。これはコネを求めることと同じだ、あるいは徒党を組むことになるとか、「長いものには巻かれろ」に通じるので好ましくないという見方もあろうが、本書で登場した政治家は大なり小なりこのような行動を若い時代にしていた、と否定できない。人間社会の行動においてはこういう好ましくない側面がなきにしもあらずなので、それが過剰に出ればまわりの反感を買うので避けるべきであるが、適度であれば容認される。

学者とは何か

本書で何人かの学者、主として経済学者、例えばマルクス、ケインズ、グンナー・ミュルダール、シドニー・ウェッブ、ピケティ、福田徳三、美濃部亮吉（後に政治家）などを論じた。学者は学問を研究して、学問の発展に寄与する人である。主として大学や研究所に所属して研究活動に専念するが、大学に所属すれば学生の教育という使命をも帯びている。大学に所属しない人もいて、例えばマルクスはロンドン滞在中は私的な市民として研究していたし、シドニー・ウェッブも民間の政治団体（フェビアン協会）に属しながら研究活動を行っていたのである。従って学者とは所属先を問わずに、研究に従事しながら学問の発展に寄与する人ということになる。

言うまでもなく学問分野には大別して次の三つがある。自然科学、人文科学、社会科学である。本書は主として経済学に関心を寄せるので、前二者についてはほとんど論じない。社会科学とは、法学、政治学、経済学、商学・経営学、ときには社会学などが該当するのであり、人間社会の諸活動に関係することを扱うので社会科学と称されるのである。哲学、歴史学、文学などの人文科学も人間に関係することを扱うが、人間の創造した文化を対象とするのであり、社会に起こる現象を理論的・実証的に分析して、その客観的法則を明らかにしたり政策を考える社会科学とは異なる。経済学、政治学は社会科学の典型なので、ここでは学問とは社会科学のことを意味していると解してよい。

社会現象を分析してその客観的法則を明らかにした経済学者の典型をマルクスとケインズで代表させてよい。もとより両人は、よりよい社会を求めて望ましい資本主義や社会主義の姿を提言したり、現実にどのような政策があるかを主張する機会は多かったが、経済学者の役割としては、後の時代になってマルクス経済学、ケインズ経済学と呼ばれることになる経済理論、ないし経済学体系を創設したので、独創性の高かった天才的な学者として評価しておこう。福祉国家論に貢献したグンナー・ミュルダールもこれに近い経済学者である。

こう述べてくると、学者には学問上で歴史的に見て画期的な仕事をした人がまず最初に挙げられることになる。もとよりこのような少数の超大物の経済学者ではなく、もう少し狭い分野での理論・実証・政策において研究実績を示す学者の数は多い。本書は経済学の各論を論じる書ではないので、具体的な分野においてどのような経済学者が貢献したかについてはあまり書いていない。

とはいえ、学者（特に経済学者）が世に問うた学説、理論、実証、政策提言などは、政府、企業、個人などの活動の指針になりうるので、重要な役割を演じていることになる。本書は福祉に関することを論じたので、失業、年金、医療、生活保護などの諸分野において、どのような制度なり政策が望ましいのかをめぐっては学問なり学者の役割は大きい。

もう少し具体的に言えば、福祉制度や改革に関して新しい考えを世に問うこと、制度が導入されたり改革されたときに、どのような効果が生じるかをも分析して、政治家や一般の人がその制度の価値を評価できるような資料を提供することと言ってよい。さらに、他の国の現状の比較をも示して、自国にとって参考になるようなことも示した方がよい。

学者と政治の関係

学者は学問の発展に寄与する研究の遂行が主たる任務であるが、社会科学である経済学であれば、付随する役割が登場する。人間生活をより豊かにする目標を掲げる経済学なので、その目標を達成するにはどうしたらよいかが当然のことながら関心となる。

これに対しては三つの立場がある。第一は、学者は純粋に学問の発展に寄与するだけでよく、優れた研究を示すことになる書物や論文の出版だけに徹すべきである、との考え方に忠実である。社会をどうすればよいかということよりも、社会に起きている現象の法則の探求に最大の関心がある。そして学問上の成果の公表に熱心なのである。純粋学者という名を献上してもよい。もっとも、自己の思想や主義に忠実に書物や論文を書く学者もいてもよい。その代表はフランスのピケティであり、資産や所得の分配が不平等すぎるのは好ましくないという思想の下に『21世紀の資本』を出版したと考えてよい。従ってこの書には一筋の政策提言が最初から最後まで押し通されている。

第二は、より豊かな人間生活を達成するための政策を提言することも考えよ、との立場である。どの政策がふさわしいかは政治の世界の決めることなので、政治家に種々のメニュー（選択肢）を提言し、かつそれぞれのメニューのメリットとデメリットまでを検証した結果が公表されておれば、なおさら好ましいとの考え方である。これはドイツの社会学者であるマックス・ウェーバーが『職業としての学問』で主張したように、没価値性に準拠した学問の方法である。

第三に、人間生活をより豊かにし、かつ社会をよくするための政策を考えることに最大の関心を払い、具体的にどのような政策を採用すべきかまでを主張する学者である。なぜそのような政策が望ましいかを説くために、その政策の理論と実証の根拠までを考えることが多い。いわゆる政策オリエンテッドの学者であり、自己の学問的業績を上げることよりも、社会をよくしたいという熱意の人に多い立場である。

この第三の立場にいる人にも二つのタイプがある。一つは、あくまでも政治家にならずに学者を続ながら、政策提言を続ける人である。政治家のブレーンとして働くことや行政府での審議会において積極的な役割を演じることもある。このタイプの人は決して自分が政治家になって政策を実行するのではない。例えばイギリスのベヴァリッジが代表例であるし、他の国にもこういう学者はかなりいる。

もう一つのタイプは、自己の理想と考える政策を現実の世界で実行するために、学者をやめて政治家になってしまう人や、一時的にせよ政治家になる人がいる。前者は美濃部亮吉であるし、後者はスウェーデンのグンナー・ミュルダールが典型である。

ここで述べたいろいろな立場やタイプに区分される学者がいるが、どういう立場やタイプになるかは、個人の資質や性格、あるいはその人の人生の見方に依存するので、どのタイプが望ましいかは主張できない。逆に言えば、自分の能力、性格、人生観を見極めてから行動すべきであろう。

役人の役割

福祉政策、あるいは経済政策の全般を企画、実践するにあたって、政治家と学者に加えて、政府の役人の役割もかなり重要である。社会保障政策の大半は中央政府や地方政府が担当することなので、行政府で働く役人は重要なのである。政策の大方針を政治家が決め、制度の理論・実証・政策に関する考え方や効果の分析については学者の役割であるが、役人には次のような具体的な使命がある。

すなわち、政治家の意向に沿った法律や条例の具体的な作成、制度が実施段階に入ったときの実行部隊となって制度を運用する、制度に関するデータの収集と分析、制度を国民に知ってもらうための啓蒙など、様々な役割を担っているのが行政府たる役所である。ときには自分たちが望ましいと思う制度や政策を政治家に進言することも多々ある。日本の官僚は最後の点で優れていたので、官僚優位・政治劣位という時代が長く続いた。

政治家は決定機構にいる人のトップとして、政策の企画・運営を行うし、学者は個々の執筆活動によってその学識を政治家や国民に知ってもらうことができるので、その役割はかなり明白である。官僚機構はやや下働き的なところがあるので、そう目立たない存在である。しかし比較的若い年齢のときに役所にいることで、政策の実行部隊としての経験を蓄積できるので、有能な人が育っている可能性が高い。さらに、フランスや日本で代表されるように、もともと能力の高い人が官僚として働いている場合が多いので、人材の宝庫としての存在感もある。

本書で登場した人々を見渡すと、若い頃は役所で経験を積んだ後に役所のトップとなってからとか、政治家に転身してからとか、福祉や経済の分野で素晴らしい仕事をした人がかなりいる。イギリスであればチャーチルやベヴァリッジがそうであるし、シドニー・ウェッブやケインズもごく若い頃は役人であった。ドイツであればビスマルク、フランスであればラロック、日本であれば後藤新平がそうである。

役所を離れて政治家、学者、あるいは運動家になる経緯は様々であるが、若い時代の経験は決して無駄ではないと思われる。すなわち、実務の実態をよく知ることができるし、種々の制度がいかに機能しているかを知ることの価値は大きい。役所の中にいながら、例えば後藤新平やロックのように、具体的な政策を提言することができた人もいる。もう一つ重要なことは、官僚は政治家との付き合いが日頃から多いので、官僚とうまくやっていく方法を学ぶのであり、後に政治家になってからの自らの行動に役立てることができる。

もっとも役人から政治家や学者に転身する人はかなりいる。代表的には日本がそうである。とはいえ、全体としての役人の役割ということになれば、行政府の政策実行機関として、無駄の少ない効率的に仕事をこなして、制度をスムーズに運営する、ということに尽きよう。そして福祉サービスを受ける人々の不満や困惑を吸い上げて、制度の改革のための資料を提供するとか、自らの発想で制度の改革を政治家に進言することも仕事の一つである。

望ましい福祉制度を求めて

国民は福祉のあり方に様々な思想をもっている。政治家と学者はこの国民の意識と希望を頭に入れながら、自己の政治信条、学問的知識と分析力をフルに活かして、社会においていかに理想に近い福祉制度と社会保障制度を成就できるかを提唱する役割を有している。これを福祉と格差の思想史の視点から、本書は議論したものである。

本書では筆者自身の好みの制度を述べたが、それは国民・政治家・学者の大まかな意向と異なる点があるかもしれない。もちろん個人の自由意思は尊重される。とはいえ、政治家と学者は、もし国民が正義や道義に反するような利己的すぎる考えをもっているなら、それを冷静に分析してそこに非のあることを、説得力をもって納得させうるような理論と制度を提唱する必要がある。そして国民もそれらを注意深く検討して、自分の意思を決定してほしいものである。

参考文献

飯田洋介（二〇一五）『ビスマルク――ドイツ帝国を築いた政治外交術』中公新書。

江里口拓（二〇〇八）『福祉国家の効率と制御――ウェッブ夫妻の経済思想』昭和堂。

大内宏一（二〇一四）『ビスマルク時代のドイツ自由主義』彩流社。

大沢真理（一九八六）『イギリス社会政策史――救貧法と福祉国家』東京大学出版会。

小栁《おなぎ》治宣（二〇〇四）『社会保障の源流――ドイツ社会保障の形成過程』朝文社。

カーヴァー、テレル、内田弘訳（一九九五）『マルクスとエンゲルスの知的関係』世界書院。

笠原英彦・小島和貴（二〇一一）『明治期医療・衛生行政の研究――長与専斉から後藤新平へ』ミネルヴァ書房。

加藤智章（一九九五）『医療保険と年金保険――フランス社会保障制度における自律と平等』北海道大学出版会。

河合秀和（一九七九）『チャーチル――イギリス現代史を転換させた一人の政治家』中公新書。

小峯敦（二〇〇七）『ベヴァリッジの経済思想』昭和堂。

近藤文二（一九六三）『社会保障の歴史』厚生出版社。

近藤文二（一九七四）『日本の社会保障の歴史』厚生出版社。

坂井秀夫（一九六七）『政治指導の歴史的研究――近代イギリスを中心として』創文社。

佐口卓（一九七七）『日本社会保険制度史』勁草書房。

佐々木隆治（二〇一六）『カール・マルクス――「資本主義」と闘った社会思想家』ちくま新書。

ジャコービィ、S・M、内田一秀他訳（一九九九）『会社荘園制――アメリカ型ウェルフェア・キャピタリズムの軌跡』北海道大学図書刊行会。

鈴木直（二〇一六）『マルクス思想の核心――21世紀の社会理論のために』NHKブックス。

大陽寺順一（一九九七）『社会政策論の歴史と現在』千倉書房。

橘木俊詔（二〇〇〇）『セーフティ・ネットの経済学』日本経済新聞社。

橘木俊詔（二〇〇二）『安心の経済学』岩波書店。

橘木俊詔（二〇〇五）『企業福祉の終焉』中公新書。

橘木俊詔（二〇〇六）『格差社会――何が問題なのか』岩波新書。

橘木俊詔（二〇〇七）編著『政府の大きさと社会保障制度』東京大学出版会。

橘木俊詔（二〇〇九）『東京大学　エリート養成機関の盛衰』東京大学出版会。

橘木俊詔（二〇一〇）『安心の社会保障改革――福祉思想史と経済学で考える』東洋経済新報社。

橘木俊詔（二〇一一a）『いま、働くということ』ミネルヴァ書房。

橘木俊詔（二〇一一b）『無縁社会の正体』ＰＨＰ研究所。

橘木俊詔（二〇一二）『課題解明の経済学史』朝日新聞出版。

橘木俊詔（二〇一三）『学歴入門』河出書房新社。

橘木俊詔（二〇一四）『ニッポンの経済学部』中公新書ラクレ。

橘木俊詔（二〇一五a）『フランス産エリートはなぜ凄いのか』中公新書ラクレ。

橘木俊詔（二〇一五b）『貧困大国ニッポンの課題』人文書院。

橘木俊詔（二〇一六a）『21世紀日本の格差』岩波書店。

橘木俊詔（二〇一六b）『青春放浪から格差の経済学へ』ミネルヴァ書房。

橋木俊詔（二〇一七）『家計の経済学』岩波書店。

橋木俊詔・浦川邦夫（二〇〇六）『日本の貧困研究』東京大学出版会。

橋木俊詔・浦川邦夫（二〇一二）『日本の地域間格差──東京一極集中型から八ヶ岳方式へ』日本評論社。

名古忠行（二〇〇五）『ウェッブ夫妻の生涯と思想──イギリス社会民主主義の源流』法律文化社。

バーバー、J．ウィリアム、藤田菜々子訳（二〇一一）『グンナー・ミュルダール　ある知識人の生涯』勁草書房。

服部龍二（二〇一六）『田中角栄──昭和の光と闇』講談社現代新書。

早野透（二〇一二）『田中角栄──戦後日本の悲しき自画像』中公新書。

原田栄一郎（一九一七）『大宰相ロイドジョージ』白水社。

ピケティ、トマ、山形浩生・宇岡桜・森本正史訳（二〇一四）『21世紀の資本』みすず書房。

ピケティ、トマ、山本知子・山田英明・岩澤雅利・相川千尋訳（二〇一六）『格差と再分配──20世紀フランスの資本』早川書房。

藤井良治・塩野谷祐一編（一九九九）『先進諸国の社会保障6　フランス』東京大学出版会。

藤田菜々子（二〇〇六）「ミュルダールにおける福祉国家と福祉世界──累積的因果関係論による統合的理解」小峯敦編『福祉国家の経済思想』第5章、ナカニシヤ出版。

藤田菜々子（二〇〇七）「ミュルダール──北欧福祉国家と福祉世界」小峯敦編『福祉国家の経済思想家たち』第21章、ナカニシヤ出版。

藤田菜々子（二〇一〇）『ミュルダールの経済学──福祉国家から福祉社会へ』ＮＴＴ出版。

別冊宝島（二〇一六ａ）『田中角栄──心を打つ話』宝島社。

別冊宝島（二〇一六ｂ）『田中角栄という生き方』宝島社。

星亮一（二〇〇五）『後藤新平伝――未来を見つめて生きた明治人』平凡社。
水谷三公（一九九一）『王室・貴族・大衆――ロイド・ジョージとハイ・ポリティクス』中公新書。
山本長次（二〇一三）『武藤山治――日本的経営の祖』日本経済評論社。
山森亮（二〇〇九）『ベーシック・インカム入門――無条件給付の基本所得を考える』光文社新書。
McElvaine, Robert S.（2002）"*Franklin Roosevelt,*" CQ Press.
Thompson, Robert S.（1991）"*A Time for War-Franklin D. Roosevelt and the Path to Pearl Harbor,*" Prentice Hall Press.
Rowntree, B. S.（1901）"*Poverty : Study of Town Life,*" London: Macmillan.

《著者紹介》

橋木俊詔（たちばなき・としあき）

1943年　兵庫県生まれ。
1967年　小樽商科大学商学部卒業。
1969年　大阪大学大学院修士課程修了。
1973年　ジョンズ・ホプキンス大学大学院博士課程修了（Ph. D.)。
　　　　仏米英独での研究職・教育職を経て，京都大学教授，同志社大学教授。
現　在　京都女子大学客員教授，京都大学名誉教授。
主　著　『格差社会』岩波書店，2006年。
　　　　『いま，働くということ』ミネルヴァ書房，2011年。
　　　　『課題解明の経済学史』朝日新聞出版，2012年。
　　　　『社会保障改革への提言』（共編）ミネルヴァ書房，2012年。
　　　　『格差社会』（福祉＋α）（編著）ミネルヴァ書房，2012年。
　　　　『変革の鍵としてのジェンダー』（共編著）ミネルヴァ書房，2015年。
　　　　『青春放浪から格差の経済学へ』ミネルヴァ書房，2016年。
　　　　『家計の経済学』岩波書店，2017年，ほか。

ミネルヴァ現代叢書②
福祉と格差の思想史

2018年2月25日　初版第1刷発行　〈検印省略〉

定価はカバーに
表示しています

著　者　橘　木　俊　詔
発行者　杉　田　啓　三
印刷者　江　戸　孝　典

発行所　株式会社　ミネルヴァ書房
607-8494　京都市山科区日ノ岡堤谷町1
電話代表　(075)581-5191
振替口座　01020-0-8076

共同印刷工業・新生製本

ISBN978-4-623-08146-2
Printed in Japan

人名索引

あ行

か行

さ行

た　行

な　行

は　行

ま　行

や・ら・わ行

事項索引

あ行

か行

さ行

た　行

な　行

は　行

ま　行

や　行

ら・わ行

欧文